JN438464

차하린 수필집

그리하여 어느 날

차하린 수필집

그리하여 어느 날

수필과비평사

작가의 말

오랜 시간이 걸렸다. 책을 내려고 작정하고 쓴 글이 아니지만 글도 오래 묵혀두면 철지난 옷처럼 퇴색될 것 같아서 용기를 냈다.

내 문학의 시작은 어린 시절부터였다. 낙동강변의 푸른 들판에 아침저녁으로 아슴푸레하게 밀려오던 자욱한 안개와 봄바람에 일렁거리던 청보리밭의 물결과 시냇가 미루나무 위에 부는 살랑바람같이 눈에 보이는 모든 것이 내게 특별하게 다가왔다. 내 마음 속에 잠재되어 있던 이런 무성한 추억과 아득해진 풍경들이 늘 눈앞에 아른거렸다. 많은 세월이 흘러도 또렷하게 떠오르는 순간들을 나만의 문자로 그려내고 싶었다. 그러나 잡다한 일상생활에서 글쓰기가 항상 뒤로 밀려났다. 되돌아보니 수많은 시간을 허비했다. 그동안 얼마나 아둔하게 낭창거리며 살아왔는지 시간을 낭비했다는 죄책감마저 든다.

시와 소설은 재주로 쓴 글이라면 수필은 도 닦듯 쓰는 글이라는 걸 본적 있다. 가슴 속에서 맴도는 것들이 자신의 내면에 부딪혀 곰삭아서 나오는 소리가 수필일 것이다. 글을 쓴다는 것은 살아오면서 맞닥트린 외적 내적 경험을 가다듬으면서 자신을 성숙하게 완성해가는 과정이라 생각한다. 그렇듯이 내가 글을 쓰는 것도 내 안의 나를 만나는 시간이었다.

글향이 사람들 마음 자락에 맴도는 여운이 남는 글을 쓰고 싶었다. 아직도 사물과 세상 보는 눈이 모자란 데다 내면을 읽어내는 사유가 부족해서 그 경지에 이르지 못했다. 그런데다 도 닦듯이 정화시키지 못한 설익은 글이라서 사람들 마음을 어지럽힐까 두렵다.

삶의 지문이 고스란히 드러나는 게 수필이다. 이번에 내놓는 글은 내가 본 세상을 내 가치관대로 생각하고 느낀 것이다. 유아기 때부터 쌓여진 기억과 추억들과 더불어 일상에서 스치는 사소한 것들이 주는 의미가 컸다. 그런데 살아 온 세월만큼 깊이 있는 글로 풀어내지 못했다. 이런 어정쩡한 글쟁이가 여물지 못한 글을 만지작거리다가 그리하여 어느 날 부끄러움을 무릅쓰고 세상 밖으로 내놓는다. 하나 부족한 부분이 많아 마음이 무겁다.

글을 쓴다는 것은 천형의 길을 걷는 거라고 뭇사람들이 말한다. 아직은 어쭙잖은 글이지만 글을 쓰는 게 내가 가진 업보로 여겨 앞으로 글에 매진하겠다.

이 지면을 빌려 내게 글눈을 깨우쳐주고 문학의 꿈을 이루도록 도와주신 박양근 교수님께 무한한 감사의 인사를 드린다. 교수님 가르침을 늘 가슴에 새기면서 좋은 글로써 큰 은혜에 꼭 보답하고 싶다.

큰딸이 작가가 되었다는 것을 안다면 제일 많이 좋아해주었을 아버지와 내 인생길과 여행길에 항상 동행해 주고 끝없이 응원해 주는 내편인 남편에게 이 책을 바친다.

존재만으로도 든든한 나윤이와 경훈이 그리고 항상 긍정적인 마음으로 집안을 환하게 밝혀주는 며느리 예담이에게도 고마움을 전한다. 우리 가족 모두 사랑한다.

2023년 10월

차하린

목차

2부

3부

4부

5부

그리하여 어느 날

1부

별을 찾아서

순례자의 길

마당 깊은 집

봄날, 구례에 가면

빈 둥지

불빛

술맛과 인생

별을 찾아서

비가 올 거라는 예보를 듣고도 길을 나섰다. 장마철이지만 빗나가는 게 예사여서 대수롭지 않게 생각했다. 더군다나 햇살이 쨍쨍한 하늘에는 구름 한 점 없었다.

가는 도중에 비구름이 몰려들었다. 구름 낀 남한강변을 따라오다 내밀한 산굽이를 돌고 돌아 선어치 고개를 지났다. 점심때쯤 예약 해둔 오토캠핑장에 도착했다. 캠핑장은 녹음이 우거진 산 속에 숨어있었다. 짐을 내리는데 매지구름이 뒤덮은 하늘에서 빗방울이 후드득 떨어진다. 서둘러 텐트부터 치는데 실수가 다반사다. 우여곡절 끝에 완성하고 한숨을 돌리니 빗줄기가 굵어진다.

남편이 퇴직하자마자 내가 우겨서 텐트를 샀다. 한 겨울날 대형마트에 펼쳐진 큼직한 텐트가 취침공간에다 리빙공간까지 있어서 마음에 들었다. 이것만 있으면 자연을 벗 삼아 한뎃잠을 자면서 색다른 경험을 해볼 수 있을 것 같았다. 여름이 오기를 기다렸다가 오토캠핑을 감행했다. 지난봄 프라하 근교에서 보았던 수많은 별들이 생각났기 때문이다.

프라하는 세계에서 모인 여행객들로 넘쳤다. 그들 사이에 끼여서 낮에는 천문시계가 있는 구시가지와 프라하성을 구경했다. 저녁에는 까를교 근처에서 프라하 성에 불이 켜지기를 기다렸다. 땅거미가 지자 환한 불빛이 프라하성을 대낮처럼 밝혔다. 볼타바강 위로 반영된 고성의 야경은 일렁이는 불꽃 같았다. 넋을 잃고 바라보다가 숙소로 가는 버스를 탔다. 버스는 프라하를 벗어나서 들판과 산속을 한참 달려 작은 시골마을 스르브스크(srbsko)에 도착했다. 불빛이라고는 희미한 호텔 간판이 전부였다. 어둠을 밟으며 호텔로 향하다가 무심코 밤하늘을 보았다. 깜깜한 하늘에는 하얀 이팝꽃 같이 무리를 지은 싸라기별이 셀 수 없이 많았다. 다이아몬드 가루를 뿌려 놓은 것처럼 반짝거렸다. 도시의 불빛과 공해가 없는 청정지역이라서 크고 작은 별들이 맨눈으로도 또렷하게 보였다.

도시에 살면서부터 별하고 멀어졌다. 별이 보고 싶어서 밤

하늘을 올려다보면 밝은 불빛에 가려져 눈에 들어오지 않았다. 나이가 드니 눈이 아프도록 별자리를 찾았던 어린 시절이 그립다. 그때는 보석처럼 반짝이는 별나라에 누가 살고 있는지 궁금했다. 별이 살고 있는 우주의 끝이 어디인지도 알고 싶었다. 별자리가 가진 전설 같은 이야기를 들으면서 꿈을 키웠던 밤도 수없이 많았다. 별을 헤아리면서 까만 밤하늘을 뚫어져라 보고 있으면 내 몸이 별처럼 둥둥 떠서 우주 속으로 빨려 들어 가는 것만 같았다. 그렇게 별을 본지가 하도 오래 되어서 이제는 별자리도 거의 잊어버렸다. 사람도 왕래가 뜸하면 서로 잊기 마련인데 혼자서 정을 주었던 별이었으니 오죽할까.

이번 오토캠핑도 별이 잘 보이는 그믐날에 맞추어서 왔다. 은하수와 견우별 직녀별도 찾아보고 북극성을 중심으로 시시각각 변하는 별의 궤적을 따라가면서 밤을 새우고 싶었다. 그런 내 마음도 모르고 야박스레 장맛비가 퍼붓는다. 이러다가 초롱초롱한 별보기는 고사하고 고생을 사서 하는 게 아닌가 싶다.

리빙공간에 앉아 비긋기를 기다렸다. 한 무리 말떼가 지나간 것처럼 흙먼지를 날리던 격렬한 비가 바람까지 몰고 왔다. 산등성이를 넘어온 바람비는 무성한 나무 가지를 휘저으며 쏜살같이 산 아래로 달아났다. 풀벌레소리 매미소리 새소리도 사라졌다. 굵은 빗소리만 숲 속으로 흩어졌다.

날이 어두워졌다. 어둠 속으로 가로등이 달처럼 떴다. 가로등 불빛을 받은 빗방울들이 투명한 수정별이 되어 떨어졌다. 산 고개를 넘나들던 먹구름이 밤이 깊어질수록 거센 비를 몰고 왔다. 급기야 번개가 치더니 멀리서 하늘을 쩍쩍 가르는 천둥소리가 산짐승처럼 으르렁거리며 가까워졌다. 연달아 이어지는 맹렬한 우렛소리를 한데서 들으니 심장이 요동을 쳤다. 얼른 텐트 속으로 숨어들었다. 자리에 누우니 억수 같은 빗소리가 얼굴 위로 쏟아졌다. 나도 모르게 눈을 질끈 감았다.

얇은 텐트 막을 사이에 두고 비와 맞섰다. 사정없이 퍼붓는 비는 텐트 위에 수많은 파편을 만들었다. 온 천지가 빗소리에 갇혔다. 빗소리를 듣다보니 견우와 직녀가 칠석날 흘리는 쇄루우(灑淚雨)처럼 한여름 장맛비도 별들이 흘린 눈물일거라는 생각이 들었다. 우주 질서에 따라 모범생처럼 규칙적으로 움직이던 별도 가끔 울고 싶을 때가 있을 것이다. 일 년 동안 속울음을 참고 참았다가 한꺼번에 토해내는 의식을 치루는 것인지 모르겠다. 번개가 요술봉 같은 빛으로 별자리 모양을 만들면 그 별자리에 해당하는 별들이 순서대로 울고 있는 것 같다. 떼창으로 터진 울음소리가 천둥이 되고 서러운 눈물은 비가 되어서 온 세상을 적시는 중인가 보다. 빗소리가 거칠어질

수록 상상은 끝없이 펼쳐졌다.

잠자기는 글렀다. 이왕 잠은 놓쳤으니 빗소리에 집중했다. 소란스러운 빗소리가 별똥별이 만들어내는 오케스트라로 들렸다. 간간이 부는 바람은 현악기가 되고 빗소리는 타악기가 되었다. 양철지붕 위에 떨어지는 구슬처럼 경박스럽게 굴다가 다급한 다듬이 소리가 되었다가 양동이로 물을 철철 퍼부어대는 우렁찬 합성으로 변했다. 왁자지껄한 빗소리 리듬이 차츰 귀에 익숙해지니 캐스터네츠 연주처럼 작아졌다. 나중에는 브람스의 자장가로 희미하게 들리는가 싶더니 눈을 떠보니 아침이다.

빗줄기가 밤보다 많이 수그러들었다. 밤새 천둥과 번개로 북새통 같았는데 밖을 보니 아무 일 없었다는 듯이 고요하다. 비에 젖은 나무들이 더 싱싱해 보인다. 진한 나무 냄새가 바람결에 퍼진다. 가슴이 뭉클해질 정도로 상큼하다.

비에 젖는 숲을 바라본다. 물푸레나무 함박나무 졸참나무 신갈나무 물박달나무 생강나무 쪽동백나무 낙엽송 신나무에 그믐치가 내린다. 잎사귀마다 부딪히는 빗소리가 제각각이다. 푸른 나뭇잎에 매달린 빗방울들이 초록빛별이 되어 사방으로 흩어진다.

땅별에서 3박 4일 동안 우주의 별을 기다리고 있다. 아직도 비가 오락가락 거려서 만나지 못했다. 하지만 내 마음에는 수많은 별이 뜨고 졌다. 밤낮으로 비가 별처럼 쏟아지는 이곳 유명산자연휴양림에는 세상의 시간이 멈추고 자연의 시간만 흐른다. 별을 기다리는 동안 물을 거슬러 회귀한 연어처럼 유년의 시간으로 되돌아 왔다.

비가 내린다. 유년의 초록비가 별이 되어 내린다.

순례자의 길

올 가을 단풍이 유난히 곱다고 한다. 그 말을 들으니 마음에도 가을바람이 불었다. 내설악 단풍을 구경하면서 봉정암까지 가보기로 했다.

용대리에서 버스를 탔다. 용꼬리처럼 굽이치는 꼬불꼬불한 백담계곡을 따라와서 백담사에 내렸다. 맨 먼저 눈에 들어온 것은 강만큼 넓은 백담사 앞 영실천이었다. 아침 햇살이 하얗게 퍼지는 그곳에는 빼곡하게 쌓아올린 작은 돌탑들이 죽순처럼 돋아나 있었다. 큰 물살이 흐르거나 거센 바람이 불면 여지없이 쓰러지고 말 돌탑을 누가 여기에 쌓아놓았을까.

돌탑에 마음이 홀려서 백담사는 보는 둥 마는 둥 지나쳤다. 억겁의 시간이 흐르는 동안 물살이 만들어낸 작은 돌멩이들이 모난 곳 없이 동그스름하다. 긴 세월이 담긴 동글납작한 돌멩이에 사람들이 가슴 속 근심덩어리를 하나씩 풀어놓았나보다.

백담사에서 봉정암까지 10.6km다. 잰걸음으로 간다면 서너 시간 안에 도착한다고 한다. 급할 것도 없고 빨리 걸을 자신이 없어서 천천히 걷기로 했다. 산길에는 평일인데도 가을단풍이 불러들인 사람들로 넘쳐났다. 등산객들의 알록달록한 옷차림도 단풍만큼 곱다.

가을빛으로 물든 울창한 숲길을 느긋하게 걸었다. 햇살을 가슴에 안고 걸으니 태양빛을 온몸으로 받은 애기단풍잎이 꽃등보다 화려하다. 길옆에는 바닷물보다 더 푸른 수렴동계곡 물소리가 청아하다. 맑디맑은 물속에는 가을산이 거꾸로 섰다. 계곡을 따라 작은 돌탑들이 여러 군데 무리를 지었다. 발걸음마다 갈망하던 기도가 하늘 끝에 닿기를 소망하며 쌓았을 돌탑이 애틋한 풍경이 되었다.

한 시간쯤 걸으니 영시암이 나왔다. 영시암은 오세암이나 봉정암으로 오르는 사람들과 이른 아침 봉정암에서 내려오는 사람들이 합류하는 지점이다. 집을 나선 길손들이 고단할까봐 영시암 마루 기둥에는 편히 앉아서 쉬어가라는 글귀가 공손하게 붙어있다. 마음 편히 쪽마루에 앉아서 하늘을 보았다. 푸른 하늘에는 한여름처럼 뭉게구름이 떴다.

갈바람에 떨어지는 낙엽비를 밟으며 다시 걸었다. 얼마 안가서 수렴동대피소에 도착했다. 취사장까지 있는 대피소에는 사람들이 몰려들어서 잠깐 휴식을 한다. 나도 한자리 차지해서 본격적으로 산행 준비를 했다. 허기부터 채우고 커피를 마셨다. 은은하게 퍼지는 커피향이 단풍과 어우러지니 가을정취를 물씬 풍겼다. 세상에 없는 노천카페가 즉석에서 만들어졌다.

여기서부터 봉정암까지 길이 평탄하지 않다. 아홉 개의 폭포와 담이 이어진다는 구곡담계곡이 시작된다. 계곡 옆 나무데크를 따라 걸었다. 길 위에는 꽃무릇보다 붉은 단풍잎과 샛노란 생강나무 잎사귀가 무더기로 얼굴을 내밀었다. 울긋불긋한 단풍에 취하니 내 가슴에도 고운 단풍물이 스며들었다.

시간이 지날수록 골짜기가 깊어졌다. 골짜기 사이로 암릉으로 이어진 기세등등한 용아장성이 언뜻언뜻 드러났다. 삐주룩하게 솟은 화강암 봉우리가 햇살을 받아 백설처럼 눈부셨다. 길이 없을 것 같은 곳에는 철제다리가 계곡을 넘나들며 이어갔다. 가파른 계단과 바위틈 사이로 제멋대로 난 돌길이 숨찬 발걸음을 더디게 했다. 가끔 맞닥뜨리게 되는 인생의 고비처럼 굽이굽이에 까다로운 길이 숨어있다. 25년 만에 찾아온 설악산을 걸으면서 지금까지 살아온 인생길을 되돌아보았다.

이따금씩 혼자 걷는 사람이 보였다. 사람들에게 보시할 커다란 미역봉지를 배낭에 지고 묵언의 수행자처럼 무념무상의 표정으로 꿋꿋하게 앞만 보고 걸어갔다. 저 사람들은 무슨 이유로 이 길을 걷고 있을까. 어쩌면 부처님께 고할 다급한 사연이 있을지도 모를 일이다.

골이 깊은 구곡담계곡은 수렴동계곡과 확연히 달랐다. 구비를 돌때마다 멋스러운 기암괴석이 단풍과 어우러졌고 크고 작은 폭포가 연달아 이어졌다. 폭포 소에는 점묘화처럼 떠있는 낙엽들이 제자리만 뱅글뱅글 맴돌고 있다. 쳇바퀴처럼 사는 인생과 닮았다.

어느새 봉정암이 오백 미터라는 이정표가 나타났다. 이젠 다 왔다고 안심을 하는데 막다른 길이다. 주변을 둘러보니 맞닿을 것 같은 암벽 사이로 가파른 골짜기가 보였다. 울퉁불퉁하게 튀어나온 바위틈으로 서너 사람이 거미처럼 납작 붙어서 올라가고 있다. 짧은 밧줄도 보이는 이 길이 봉정암으로 가는 마지막 관문 깔딱고개다. 일명 해탈고개라는 이 고개만 오르면 세상의 번뇌쯤이야 시시해지는 경지에 이른다면 얼마나 좋을까. 마지막 고비에서 해탈이라는 심오한 뜻을 붙인 것은 이곳을 찾는 사람들에게 조그만 더 힘내라는 뜻이 담겼지 싶다.

피안의 세계가 바로 고개 너머에 있다는 달콤한 유혹처럼.

바윗길을 올려다보니 아찔해서 다리가 후들거렸다. 해탈은 고사하고 어떻게 올라야할지 겁부터 났다. 저만치 올라간 노스님의 굽은 등을 보니 용기가 났다. 등산스틱을 배낭에 집어넣고 디카도 호주머니에 넣었다. 차마고도를 따라 오체투구로 자신을 한없이 낮추며 춥고 언 땅을 몇 달씩이나 걸려 라싸 조캉사원으로 가는 순례자들과 감히 비교 할 수는 없지만 네발로 기어서 오르기 시작했다. 손과 발을 옮길 때마다 헛디딜까봐 오금이 저렸다. 등줄기에서 진땀이 흘렀다. 뻣뻣한 자세로 결코 올라갈 수 없는 이곳은 몸을 낮추고 마음을 낮추어야 오르는 천상의 길이다.

봉정암에 도착하니 대웅전 기와 위로 해가 저물고 있다. 백담사에서 여기까지 오는데 여덟 시간 걸렸다. 종무소에서 배정해준 방을 찾아 들어갔다. 직사각형 방바닥 중앙에는 세로로 이등분해서 그 양쪽으로는 절 방석만한 크기로 줄을 그어놓고 칸마다 번호를 적어 놓았다. 다리를 오므려야 겨우 누울 수 있는 공간이 하룻밤 지낼 자리다. 그것을 보니 '가는 사람 붙잡지 않고 오는 사람 막지 않는다'(去者不追 來者不拒)는 종무소 기둥에 쓴 커다란 글귀가 떠올랐다. 밀려드는 사람들을 내칠 수 없어서 고육지책으로 결정한 방법이라 생각하니 이만한 자리도 감지덕지다. 오가는 사람들에게 끼니마다 공양을 챙겨 주는 이곳 절인심이 본데 야박하지 않아서 방바닥은 손이 데일정도로 쩔쩔 끓었다.

어둠이 내리자 유리창 너머로 조명을 받은 석가사리탑이 허공에 섰다. 탬플스테이는 아니더라도 하룻밤 조용한 절간에서 자신을 깊이 성찰하는 시간을 갖고 싶었다. 하지만 물거품이 되었다. 늦은 밤까지 스피커로 울려 퍼지는 스님의 불경소리에다 빈칸 없이 들어찬 사람들 잡담이 보태지니 아수라장이 따로 없었다. 더러 철야 기도를 한다고 법당에 올라가고 드물게는 온몸으로 달아오르는 구들장 열기를 피해 법당으로 달아나기도 했다. 피곤이 몰려와서 쪼그려서 누웠다. 주변사람에게 몸이 부딪히니 신경이 곤두섰다. 무슨 연유인지 눈을 감아도 정신이 더 또렷했다. 몸을 뒤척여보았지만 마음에는 분별없는 잡념만 일었다. 거기다 내일 깔딱고개를 내려갈 걱정이 천근만근 같아서 밤새 잠이 오지 않았다.

소란스러워서 눈을 뜨니 새벽 다섯 시다. 밖으로 나오니 하현달이 머리 위에 있다. 갈 길이 먼 등산객들이 벌써 헤드라이트로 발길을 밝혀서 개미처럼 줄지어 소청봉으로 오른다. 대청봉까지 이어지는 새벽길을 밝히는 연등행렬 같다.

아침이 되니 새벽부터 불자와 등산객들이 썰물처럼 빠져나

가서 절간이 적막할 정도로 고요하다. 어젯밤 불빛으로만 봤던 석가사리탑으로 올랐다. 나약한 인간들이 하소연하는 간곡한 말소리에 귀 기울이면서 천년을 넘게 견뎌온 사리탑에는 더께 쌓인 지의류가 풍상의 세월을 말해준다. 사리탑 바로 앞에는 용의 송곳니처럼 날카로운 용아장성이 병풍처럼 섰고 멀리 운해가 가로지른 귀때기봉이 우람하게 솟았다. 뒤돌아보니 웅대하고 장엄한 공룡능선으로 아침햇살이 몰려든다. 사리탑에서 바라본 설악의 품이 하도 크고 웅장해서 소름이 돋는 전율을 느꼈다.

봉정암은 우리나라에서 가장 높은 곳에 있는 적멸보궁이다. 부처님 뇌사리가 하늘 끝에 모셔져 있고 자연이 만든 풍광이 수려해서 누구라도 살아생전에 한번은 꼭 가봐야 한다는 성스러운 곳이다. 속세의 기운이 범접 못하는 높은 곳에서 신성한 하늘의 기운을 제일 먼저 받아 고고하다. 봉황의 품처럼 이 비밀스러운 곳에 암자를 세우게 된 것은 하늘의 뜻이었을까 중생의 뜻이었을까.

다시 길을 떠나기 위해 봉정암을 나섰다. 밤새 걱정꺼리였던 깔딱고개에서 새로운 세상을 향한 첫걸음처럼 몸을 낮추어서 내려왔다. 백담사에서 봉정암까지 이어진 험한 여정을 순례자들은 희망을 찾아 끊임없이 오르내린다. 덥거나 춥거나 비가 오거나 눈이 내려도 멈추지 않는 순례자들의 고행이 만들어낸 숭고한 길이다. 불자는 아니지만 이들이 남긴 무수한 발자국을 따라 이 길을 걸었다.

훗날 내 발자국 위에는 무엇이 남아있을까.

마당 깊은 집

구불구불한 고샅길을 걷다보면 마을 끝자락쯤에 나타나는 집이다. 동구 밖에서 보면 마을 속에 안겨있는 것처럼 보이지만 실상은 뒷산에서 흘러나온 지맥이 머문 집과 마당이 온 힘을 다해서 마을을 품고 있다.

담장 곁에서 까치발로 집안을 들여다본다. 무성한 나무 사이로 지붕이 조금 보일뿐 깊은 마당은 비밀처럼 숨겨졌다. 한여름부터 화등처럼 골목길을 밝히던 능소화 꽃이 사라진 넝쿨에 불붙은 잎사귀만 드리워진 담장을 돌아 열려있는 대문 안으로 들어섰다.

잔디마당에는 가을빛이 다소곳하게 내려앉았다. 대문에서

안채까지 부정형현무암 디딤석 세 줄이 곡선으로 길게 깔렸다. 집은 한옥 느낌이 나도록 주홍색 기와를 얹었지만 벽돌로 이층까지 올린 양옥이다. 대문 왼편 화단에는 만 리를 간다는 금목서 꽃향기가 바람이 없어도 사방으로 퍼지고 있다. 마을 어귀에서부터 마음을 설레게 한 향기다. 가을이 들면서 된서리가 내릴 때까지 상큼한 꽃향기로 가슴을 톡톡 쏜다. 그 덕에 소슬바람이 부는 가을이 쓸쓸하지 않다.

정원에는 2월부터 매화꽃이 피고나면 서향꽃이 연이어 향기를 뿜는다. 완연한 봄 햇살이 퍼지면 목련과 수수꽃다리도 얼굴을 내민다. 이때쯤 애플민트와 레몬밤이 양지바른 화단에서 새순을 밀어 올린다. 현관 앞 화분에 심어둔 로즈마리와 핫립세이지도 향기를 보탠다. 들녘의 찔레꽃 향기가 담장을 넘어오기 시작하면 마을 앞 가로수목인 이팝꽃이 팝콘처럼 부풀고 뒷산 아카시아 향기가 애절한 뻐꾹새 소리를 타고 온 마을을 덮는다. 여름에 수국의 화려한 꽃색이 잔물결처럼 마당에 깔리면 배롱나무에 아기자기한 진분홍 꽃이 불볕 여름을 달군다. 가을에는 담장아래서 구절초가 하얗게 무리지어 피면 금목서가 진한 향기로 제 존재를 알린다. 금목서 꽃은 향이 좋아서 오스만투스 향수 원료로 쓰일 정도다. 화학적으로 정제된 비싼 향수보다 본디부터 가지고 있던 자연 그대로 향이 으뜸이다. 자연의 향기로 사계절을 가늠할 수 있는 곳. 이곳이 내가 꿈꾸어 왔던 무릉도원이다.

집 뒤곁에는 빨간 감이 주렁주렁 매달린 큰 감나무 근처에 장독대가 있다. 장독대는 배수를 위해서 지면을 높여 자갈과 판석을 깔아두었다. 스무 남 개 되는 크고 작은 항아리들이 각각 품고 있는 제 맛을 숙성시키기 위해서 사계절 바람을 맞으며 덥고 추운 시간을 견딘다. 농익은 세월을 담고 있는 느긋한 그들의 시간을 보고 있노라면 쫓기듯이 허겁지겁 살아온 지난날들이 아련하게 떠오른다.

장독대 가장자리를 따라 빈터에도 화초를 심어두었다. 여름내내 꽃을 피워낸 봉선화와 시들은 보랏빛 꽃대가 아직도 매달린 배초향이 서늘한 바람에 지친 기색이 역력하다. 무더운 여름날 펄펄 끓는 추어탕에 한 움큼 올라가서 없던 입맛도 살려주었던 배초향은 단방약으로 쓰일 만큼 내겐 소중하다. 이집에 오기 전까지 베란다에서 키웠던 것인데 한데에다 심어두었더니 기세등등하게 세를 불렸다. 늦여름부터 가지 끝마다 보라색 꽃대가 하늘거리면 유럽의 라벤다 평원이 부럽지 않다.

처마 끝에 머물던 햇살이 슬금슬금 거실 안쪽으로 밀고 들어온다. 눅눅함을 걷어내는 까슬까슬한 이 가을 햇살이 얼마나 좋은지 묵은 솜이불을 빨래줄에 널어놓고 바지랑대를 높여두었다. 오며가며 들락거리는 바람에 맡겨두고 거실 앞 쪽마루에 앉아 해바라기를 하면서 지나온 세월을 떠올려 본다. 모든 것은 지나고 보면 한순간인데 그 속에서는 그것이 인생의 전부인양 온 신경을 쏟았다. 왜 진작 마음을 내려놓고 살지 못했을까.

아침마다 참새소리에 잠이 깬다. 아파트에 살 때는 숙면을 하지 못해 힘든 적이 더러 있었다. 여기로 온 후로 생체리듬이 자연의 시간에 저절로 맞추어졌다. 덤으로 햇살이 수런거리는 소리 바람소리 새소리와 철따라 바뀌는 꽃향기를 맡으면서 시시각각 변하는 풍경을 보고 있으면 온몸의 감각이 다 열리면서 온 우주를 느낀다.

이곳에서는 자연과 교감이 일상이다. 달 밝은 밤에는 바람에 흔들리는 나무 그림자가 어렴풋하게 창가에 부딪히곤 한다. 그럴 때는 문풍지가 떨리던 어린 시절을 더듬으면 생각이 부풀어 올라 온밤을 꼬박 샐 때도 있다. 그믐밤에는 널평상에 누워서 초롱초롱한 뭇별을 바라본다. 별들이 마음속으로 들어오면 인간 세상의 사소한 감정에서 벗어나 수억만 개의 별빛이 요동치는 우주로 끝없이 나아간다. 밤하늘로 무수한 상상을 쏘아 올리면서 세상의 눈치를 보지 않아도 되는 나만의 시간, 이 시간이 참 좋다.

그뿐만 아니다. 계절마다 체험하는 바람소리 빗소리가 도시와 다르고 산과 들에 흰 눈이 사정없이 몰아치는 겨울 맛도 제대로 느낄 수 있다. 비가 쏟아지거나 눈발이 날리는 날에는 정원에서 키운 허브와 들판을 산책하면서 따온 야생박하를 다기로 우려내서 마신다. 뜨거운 차 한 잔이 한기도 몰아내지만 맑고 상쾌한 향기가 몸속을 돌면 마음까지 맑아진다. 철마다 이런 것을 푸지게 경험할 수 있는 여기가 내겐 딱이다.

새벽이슬 내리는 소리가 사그락사그락 들려오는 듯해서 창문을 열었다. 늦가을 차가운 공기가 방안으로 훅 들어온다. 밤새 별빛에 젖은 낙엽 냄새가 난다. 제 할 일을 다 하고 스스로 몸을 낮춘 나뭇잎이 욕심 많은 인간보다 겸손해 보인다. 희끄무레한 하늘에서 동살이 트고 있다. 이젠 일어나야겠다.

언젠가 내가 살고 싶은 집이 있다. 아직은 마음속에만 있는 상상의 집이다. 가을이 깊어지니 마당 깊은 그 집에 살고 싶다.

봄날, 구례에 가면

여기저기서 봄꽃 소식이 낭자하다. 매화가 먼저 봄을 깨우니 목련 진달래 산수유가 앞 다투어 앞서거니 뒤서거니 한다. 봄에는 꽃소식이 제일 반갑다.

마음이 꽃 같았던 오래전 봄날이었다. 봄꽃이 피기 시작하면 마음이 달떠서 몸살이 났다. 그럴 때는 지리산 서쪽 자락에 있는 구례로 달려갔다. 그곳에서 봄 길을 여는 꽃과 단아한 고택을 보노라면 갈증 난 꽃바람이 해갈되었다. 꽃눈이 몽실몽실 움트는 하동 십리벚꽃길을 지나 섬진강을 따라가면 제일 먼저 토지면에 있는 운조루가 반겼다.

구름 위를 나는 새가 숨어사는 집 운조루. 삶 속에 풍류를 끌어드린 고택 앞에 서니 어떤 모습이 펼쳐질지 가슴이 두근거렸다. 연지를 앞에 둔 솟을대문 양옆으로 길게 뻗은 행랑채가 성곽처럼 당당했다. 240년 전에 99칸이나 되었던 고대광실을 이곳에 지은 이유가 궁금했는데 여기가 금환낙지(金環落地)에 해당하는 남한 3대 명당 중에 하나라고 한다. 대문 홍살에는 이곳에 터를 잡은 류이주가 채찍으로 잡은 호랑이 뼈가 바람에 삭아가면서 아직도 달렸다.

호기심을 안고 대문을 넘었다. 앵두꽃이 활짝 핀 큰 사랑채는 봉당을 연결고리로 해서 ㄱ자로 나누어졌다. 봉당에는 타인능해(他人能解-타인도 열 수 있다)라고 글을 새긴 큰 나무둥치 닮은 뒤주가 있다. 예전에는 대문 가까이 두고 근동에 배고픈 이는 누구라도 주인 눈치 보지 말고 쌀을 가져가라고 했다. 남도 최고 적선지가였던 이 집의 나눔 정신이 뒤주에 생생하게 남았다. 대대로 자신들의 잇속만 챙기지 않고 가난한 자의 허기도 보듬어주는 인정스러운 행동 덕분에 6.25 때 이 집을 고스란히 지켜냈다.

봉당을 거쳐 웅숭깊은 안채로 들어갔다. 봉황의 둥지처럼 아늑한 안채에 봄 햇살이 가득하다. 남향을 바라보는 안채 좌우로 부엌과 건넌방이 ㄇ형식으로 연결되고 앞쪽에는 작은 사랑채에서 이어진 곳간 채가 막아서서 완벽하게 ㅁ형식이다.

건넌방 옆으로 뒤뜰로 나가는 쪽문과 곳간이 이어졌고 그 위를 이층으로 만들어서 며느리들이 바깥 구경할 수 있는 방을 만들었다. 그 옛날에 한옥에 이층을 만들 생각을 했다니 기발한 발상이다.

마당 장독대 옆 목련나무에서 순백한 꽃이 피었다. 꽃그늘 아래에는 봉황알 같은 크고 작은 항아리가 볕살에 반짝거린다. 노비를 다 풀어주고 난 뒤에 왁자지껄 하던 가솔들이 흩어져서 그런지 항아리 수가 단출하다. 목련꽃과 장독대 기와집 처마의 곡선이 어우러진 풍경이 유년시절 같아서 아련하게 마음속에 들어왔다.

집도 세월을 비켜가지 못한다. 사랑채와 마찬가지로 안채에도 기둥과 마루가 나뭇결 따라 삭아간다. 몇 겹의 생이 포개어진 적적한 안채의 마루 묵은내를 맡으면서 무수한 생명을 키워내고 떠나보낸 운조루의 옛 영화를 떠올려 보았다. 종부의 거친 손등처럼 집이 윤기를 잃어가지만 덕을 베푸는 정신만은 세상 사람들 가슴 속에도 스며들어서 천년만년 이어졌으면.

운조루 근처 우리나라 최고의 장수마을 사도리에 접어들면 쌍산재가 나온다. 그 집 대문 앞에는 우리나라 10대 약수인 당몰샘이 있다. 원래 집안에 있던 것을 마을사람과 나누려고 대문을 고쳐지으면서 집밖으로 내놓았다. 물을 나눈다는 것은 생명을 나누는 인심이다. 청량한 물 한 모금 마시고 대문으로 들어섰다. 민박으로 운영되는 쌍산재에 숙박하지 않는 낯선 객이 아무 때나 불쑥불쑥 대문을 열어도 친절하게 맞이해주시는 주인분의 마음 씀씀이가 갈 때마다 따뜻했다.

안채와 아래채는 잘 다려진 모시옷처럼 정갈하다. 기웃거리며 둘러보고 뒤채로 가는 돌계단으로 올랐다. 하늘을 덮은 댓숲길을 지나 산수유꽃이 핀 좁다란 길을 따라가니 작은 대문이 나타났다. 대문 안에는 온갖 화초와 나무가 많고 개미허리만큼 좁은 길 위에는 사계절 푸른 사철나무가 아치형 터널처럼 낮게 굽어서 무성한 잎이 커튼처럼 안을 가렸다. 비밀스러운 그 안으로 들어서면 인계(人界)와 다른 선계(仙界)의 세상이 펼쳐질 것만 같다. 쌍산재 현판이 걸린 이곳은 이집 선조 분이 학동들을 가르치던 서당이었다.

햇살이 퍼지는 고요한 쌍산재 마루 끝에 앉았다. 세상의 소리가 차단된 이곳에 저녁 어스름이 몰려오고 서쪽 하늘에 뜬 초승달이 가슴 속을 헤집는 근심덩어리처럼 나뭇가지에 걸려 있을 때 적막한 밤이 도적눈 내리듯이 소리 없이 찾아오면 온 세상의 시간이 멈추어지겠지. 온전히 그 순간에 파묻혀서 하룻밤을 보내봤으면. 밤새도록 마음속에 쌓아둔 수많은 말들을 토해봤으면. 간간이 새소리만 들려오는 서당이 절대자의 경건한 성소처럼 생각되는 것은 봄바람 탓이었을까. 갑자기 처마 끝에 달린 풍경이 땡그랑거리는 바람에 헛된 생각이 산산조각 났다.

뜰 앞 동백나무가 꽃샘바람에 신열이 타올랐는지 빨간 홍역 꽃이 숱하게 돋았다. 머지않아 근처 큰 귀룽나무에도 새하얀 꽃이 포도송이처럼 주렁주렁 열리겠지. 비밀의 화원을 걸어 쌍산재 후문인 영벽문을 나서서 사도저수지 앞에 섰다. 푸른 물속에 지리산이 통째로 잠겼다.

지난 겨울 예능프로 윤스테이를 이 집에서 촬영했다. 포토존이 많은 쌍산재를 여태 무료 개방했는데 2년 전부터 입장료를 받는다고 한다. 그 대신 차 한 잔은 덤으로 나온다.

아슴푸레한 광양의 산자락을 한낮처럼 밝힌 매화꽃잎이 속절없이 떨어진 후에 화엄사 홍매화가 핀다. 노고단 능선을 타고 내려오는 찬바람이 시샘을 해서 다른 곳보다 한참 늦다. 웅장한 각황전 곁에 선 홍매화가 화사한 꽃등불을 켜 놓았다는 소문이 돌면 프로와 아마추어 작가들이 카메라를 들고 벌떼같이 모여든다. 그들 틈에서 진홍빛 홍매화를 향해 다가갔다. 다가갈수록 우아한 자태에 짓눌려서 숨이 멎을 지경이다.

홍매화 나무 아래서 하늘거리는 꽃잎을 올려다보았다. 서로의 마음이 닿을 수 있게 가까이 다가온 사람들에게만 아련한 향기를 내어준다. 내 마음 끝에 닿은 홍매화는 모든 것은 한순간이니 가슴 졸이며 복작대지 말고 초연하게 세상을 살아가라 한다. 그게 어디 쉬운 일이냐고 되묻지도 못하고 깊고 그윽한 꽃내음에 취해서 한참도록 서성거렸다. 그러다가 각황전 축담으로 올랐다가 나한전과 원통전을 오가며 홍매화의 자태를 요모조모 살폈다. 이것은 필시 온갖 번뇌에 시달리는 불쌍한 인간을 위로해주려고 부처님이 천상의 꽃을 훔쳐서 심은 게 분명하지 싶다. 깊고 오묘한 향으로 세상의 시름을 녹여주는 홍매화는 향기로 설법하는 부처님이었다.

산수유가 그득한 산동면으로 접어들었다. 여기서는 어느 마을을 향해도 100년이 넘은 산수유가 지천이다. 이리 보고 저리 봐도 노란 꽃물결이 봄바람을 타고 낮은 산등성이로 살랑살랑 내려온다. 가슴에도 샛노란 꽃물이 스며든다.

산수유 꽃길을 따라 상위마을까지 올라갔다. 마을로 들어가니 낮은 돌담장 안에도 산수유꽃이 자지러지게 피었다. 꽃 속에 파묻혀서 느릿느릿 꽃담길을 걸어 계곡에 닿았다. 계곡 울퉁불퉁한 바위틈에서 제멋대로 자란 산수유가 잠시 쉬었다 가라고 유혹을 한다. 계곡으로 내려서니 시냇물 속에도 산수유꽃이 환하게 웃고 있다.

노란 물감처럼 번진 풍경을 보려고 마을 언덕배기 정자에 올랐다. 발아래에는 지리산 온천이 가물거리고 머리 위에는 성삼재와 정령치 사이에 있는 만복대가 버티고 있다. 이쪽저쪽을 둘러보니 사방천지가 산수유꽃이라 온 세상이 노랗다. 지리산이 품은 천상의 화원, 내 가슴에도 꽃불을 질렀다.

여독을 푸는 데는 온천이 최고다. 지리산 온천수에는 게르마늄과 탄산나트륨 함량이 많은 데다 일반수를 섞지 않아서 각종 성인병 예방과 치료에 탁월하다. 여기서는 노천탕이 있는 대중탕에 가도 좋고 하루를 묵을 요량이면 어느 곳에 숙박해도 온천과 사우나를 즐길 수 있다.

이곳도 골이 깊어서 밤이 되면 한기가 들 정도로 꽃샘추위가 설친다. 모든 숙박업소에서는 꽃 마중 온 여행객을 위해서 밤새도록 방이 쩔쩔 끓게 덥혀서 후한 인심을 베푼다. 때마침 상위마을에서 사온 고로쇠 수액이 있어서 소매 긴 김에 춤춘다고 더운 방에서 자다 깨다 마시면서 하룻밤을 보냈더니 체증 같은 꽃몸살이 말끔히 사라졌다. 구례는 산 좋고 물 좋고 꽃 좋고 인심 좋은 곳이라서 일상에 지친 스트레스를 풀기에는 안성맞춤이다.

구례는 그 외에도 오산 꼭대기 절벽 끝에 매달린 사성암과 국보급 승탑과 보물급 탑비가 있는 연곡사, 채색과 구도가 뛰어난 극락전 후불탱화와 미스터 션샤인 촬영지인 천은사가 있다. 국산밀 재배지역이라 옛 맛을 그대로 살린 우리밀 수제비와 칼국수도 맛 볼 수 있고 다슬기탕과 은어회에다 5일장까지 있어 여행에 손색없는 곳이다.

대책 없이 꽃바람이 부는 날에는 구례로 가라. 꽃이 흐드러지게 피어서 더욱 서러운 봄날에는 구례로 가라. 난분분한 봄 속을 거닐다보면 세상에 지친 마음이 봄눈 녹듯이 사라지고 굳은살로 박힌 상처는 어느새 아물어서 흔적조차 없어지게 된다. 봄날 구례에 가면 옛이야기를 더듬으며 아득한 시간여행을 하면서 꽃길만 걸어라. 집으로 돌아올 때는 피고 지는 꽃처럼 봄날 같은 청춘을 가슴에 품게 될 것이다.

이번 봄에 구례를 못 간 아쉬움을 지난 추억으로 여행을 대신했다. 다시 만날 구례의 봄을 기다리면서.

빈 둥지

집 근처 인적이 드문 곳에 느티나무 가로수 길이 있다. 날씨가 화창하거나 시간이 나면 이곳으로 산책을 나선다. 긴 은행나무 가로수 길을 천천히 걸어서 굽이진 메타세쿼이아 길을 돌아 삼십여 분쯤 걷다보면 이 길 끝에 선다.

한아름 남짓한 느티나무는 거미줄 같은 잔가지를 수없이 뻗었다. 한여름에는 무성한 잎사귀들이 하늘을 가렸는데 겨울이 되니 앙상한 가지만 남았다. 찬바람이 씽씽 지나가는 나뭇가지 사이로 온전한 것과 허물어지는 빈 둥지가 다섯 개 보였다. 까치들이 새끼를 키우기 위해서 부리가 닳도록 공들인 난공불락의 성이다.

공중에 매달린 둥지는 인적이 끊긴 폐가처럼 고립되었다. 새끼를 키우던 까치들의 곡진했던 삶이 바람 따라 휘청거리는 둥지에 고스란히 남았다. 온기가 식어버린 빈 둥지를 올려다보니 어머니가 생각났다.

어머니는 구순이 다 되었다. 아버지가 돌아가신 후 까치집처럼 낡아가는 집에서 삼십 년 넘게 혼자 계셨다. 자식들이 다 출가해서 말상대조차 없다. 낙이라고는 오로지 하루 종일 혼자서 떠드는 텔레비전 보는 것이 전부다.

뚱뚱했던 어머니는 60대 초반에 고혈압과 당뇨가 생겼다. 인슐린 주사를 직접 놓으면서 혈당을 관리하지만 생각만큼 쉽지 않았다. 저혈당으로 쓰러져 응급실로 실려 간 적이 서너 번이나 됐다. 이승과 저승을 오갔던 숨 막히던 시간이 자식들 애간장을 태웠다. 그런 일이 있은 후 어머니 안부가 궁금할 때가 더 많아졌다. 전화로 안부를 물어보지만 직접 볼 수 없으니 답답했다.

3년 전 어머니를 들여다보는 CCTV를 달았다. 저혈당으로 쓰러질까봐 오남매가 결정했다. 스마트폰에 저장된 앱으로 수시로 들여다본다. 눈으로 보니 안부전화보다 확실하다. 잠이 오지 않는 밤에도 도둑고양이처럼 인기척을 내지 않고 볼 수 있어 좋다. 새우등처럼 구부리고 주무시는 모습이 떨어진 낙엽처럼 맥이 없다.

주무시는 모습을 보고 있노라면 숨소리까지 그대로 전달되는 것 같다. 무슨 꿈을 꾸시는지 뒤척이기도 한다. 어머니가 원했던 삶은 어떤 것이었으면 꿈속에서 떠올리는 삶은 어떤 것일까. 평온하게 잠든 어머니를 보고 있으니 티격태격 거렸던 지난날이 떠오른다.

어린 시절에는 어머니가 전부였다. 비만해진 어머니가 안쓰러워서 심부름과 설거지 빨래 집안청소를 자청해서 도와드렸다. 그것을 시작으로 조종 하는 대로 움직이는 로봇처럼 나를 당신 말씀에만 순종하는 마마 걸로 만드는 기회가 되었다. 나는 그것이 효도라고 생각하고 어머니가 원하는 대로 길들여졌다. 나이가 들어서야 어머니의 자기중심적 이기심이 객관적으로 보이기 시작했다. 그때부터 갈등이 시작되었다.

모녀지간이지만 외적으로 내적으로 너무 달랐다. 애착이 많은 어머니는 자식을 과잉보호하면서 우리의 삶도 좌지우지하고 싶어 했다. 세 분의 오라버니와 막내 여동생보다 첫딸인 내게 더 심했다. 매사를 당신의 가치관으로 시시콜콜한 것까지 간섭했다. 잔소리장이 어머니의 아집과 내 자존심은 번번이 충돌했다. 그럴 때마다 지구가 무너지는 것처럼 숨이 막혔다. 파란 하늘, 하얀 뭉게구름, 화사한 햇살, 창문으로 들어오는 달빛, 푸른 들판에 부는 바람 따위는 어머니에게 아무런 가치가 없었다. 화단에 난 작약도 잡초라 여겨 뽑아버리고 상추를 심었다. 모든 것을 경제적 관념으로만 따졌다.

내 삶의 주도권도 당신이 원하는 대로 휘두르고 싶어 했다. 자식의 모든 일을 알고 싶어 안달했고 에둘러서라도 알아야 직성이 풀렸다. 자식을 소유물이라 여기는 지나친 간섭은 상처가 되었다. 어머니의 어쭙잖은 코치를 따라하는 나약한 딸이 아니라 자신감 넘치는 알파 걸이 되고 싶었다. 절대불변의 법칙처럼 고집을 꺾지 않는 어머니의 아성에서는 아무리 발버둥을 쳐도 벗어날 수 없었다. 그러다보니 목소리만 들어도 얼굴이 먼저 찡그려졌다. 집착은 내가 결혼한 후에도 계속되었다. 어머니는 그것을 사랑이라 여겼다.

결혼한 뒤에는 어머니의 영향권에서 벗어나고 싶었다. 마음과 달리 유전자로 촘촘하게 엮어진 모녀관계를 마음대로 자를 수 없었다. 어머니는 고혈압과 당뇨로 병원을 다녀야했고 그 뒷바라지를 온전히 내게 의지했다. 그때부터 유별난 어머니를 모시고 20여년 넘게 대학병원에 다녔다. 생각과 감정이 기름과 물처럼 섞이지 못하는 우리는 만나면 늘 삐거덕거렸다.

당뇨가 심해지면 망막병증이 생기고 신장기능이 나빠진다. 삶 그 자체를 순응하며 받아들이지 않는 어머니는 건강염려증이 생겨서 매사에 예민하게 굴었다. 신경이 곤두서서 마음을 졸이며 사는 게 보기에 딱할 정도였다. 완곡한 표현도 못하고 느긋하게 참지 못한 말들은 가시처럼 가슴을 찔렀다. 그러면 어머니 스트레스가 내게 전염되어 복리이자처럼 불어났다. 이 상황에서 벗어날 탈출구가 보이지 않는 답답했던 날들이 남편이 퇴직하면서 희망이 생겼다.

우리는 수도권으로 이사를 감행했다. 자식을 위한 결정이었지만 어머니 방어권에서 벗어나니 홀가분했다. 병원 가는 일은 어머니 가까이 사는 두 오라버니들께 물려주었다. 처음에는 내가 할일을 오빠들께 덤터기 씌운 것 같아 마음이 편하지 않았다. 멀리 있어도 어머니는 예전처럼 시도 때도 없이 전화를 해서 그 끈을 계속 잇고 싶어 했다.

성의 없이 전화를 받으면 당신에게 관심이 없다고 삐지기 예사였다. 다시는 전화 안한다고 선언하지만 사흘을 넘기지 못했다. 자식 마음은 안중에도 없는 어머니를 아무리 성토를 해도 그때뿐이었다.

CCTV를 단 후로 내 생각이 바뀌었다. 누워있기도 하고 멍하니 앉아서 TV를 보는 뒷모습에서 외로움이 보였기 때문이다. 삼십 년 넘게 혼자서 보낸 세월이 얼마나 모질었을까 싶다. 그것도 모르고 지나치게 간섭 할 때마다 잔소리 같아서 듣기 싫어했다. 제발 자식들 신경 쓰지 말고 친구 분들과 재미있게 놀 생각만 하라고 다그쳤다. 그때는 생각해주는 것조차 부담스러웠다.

그런 어머니가 병원에 입원하셨다. 허리와 심장이 탈이 났다. 40도를 오르내리는 무더운 날 간병하러 내려갔다. 일주일간 병실에서 마음대로 움직이지 못하는 어머니와 둘이서 잤다. 난생처음으로 목욕도 시켜드렸다. 냉철한 감정에서 돋아난 꼿꼿한 가시 같은 모난 성정도 구부려진 허리처럼 많이 누그러졌다. 시퍼런 서슬은 어디로 가고 육신은 쪼그라져서 삭정이가 되었다. 한평생 알찬 속을 자식에게 다 내어준 사그라진 몸이 빈껍데기가 되었다. 병실에서 돌아누워 자는 어머니의 초라한 등에는 외롭고 고단했던 긴 세월이 담겼다. 그것을 보니 한평생 어머니에게서 벗어나려고만 했던 내 가슴이 왜 이렇게 아려올까.

어머니 퇴원이 언제 될지 모른다. 간병을 마치고 집에 와서 어머니가 안 계신 집을 들여다본다. 인기척 없는 집이 쓸쓸하다. 바깥은 폭염이 기승을 부르는데 어머니 집은 온기가 식어가고 있다. 한겨울 추위에 떨고 있던 까치집처럼 빈 둥지가 되었다.

불빛

노을빛을 안고 뒷산에 올랐다. 하루 종일 마음이 답답한 탓도 있었지만 자투리 시간을 내어 걷기 위해서다.

저녁을 맞이하는 숲속에는 풀벌레소리와 바람소리가 잦아든다. 낮에 하늘을 날아오르던 까치들이 나무 가지 사이로 깃을 드리우는지 울음소리도 들리지 않는다. 바람 따라 사방으로 흩어진 숲 향기가 다소곳이 내려앉으니 산속에 둥지를 튼 미물들이 밤을 맞이하기 위해 자신을 낮추고 있나보다. 숲 향기를 맡으며 나는 산으로 들고 산은 저녁 어스름 속으로 숨어들고 있다.

노을빛이 가신 하늘에서 어둠이 내린다. 어둠을 밟으며 산길을 걷는다. 발자국 소리만 들려올 뿐 사방이 조용하다. 어둠만 존재하는 적막한 밤길이다. 길가의 소나무들이 검은 옷으로 무장하고 복병처럼 숨소리를 죽이고 있다. 굽이를 돌아 또 굽이를 따라 도는 산길을 가다보니 슬금슬금 다가오는 어둠이 무서워졌다. 모퉁이를 돌면 더 까만 어둠이 숨어있을 것만 같다. 발걸음을 멈추고 왔던 길로 되돌아섰다. 순간 소나무 숲 속에서 작은 불빛이 반짝였다.

낯선 불빛이다. 반짝이는 물체가 까만 소나무 숲 속을 날아다니며 포물선을 그린다. 한동안 그 자리에 서서 눈길로 불빛을 따라 갔다. 반딧불이다. 반딧불이 한 마리가 숲속의 어둠을 밝히려는지 꽁무니에 노란 등불을 켜고 날고 있다. 솔향기가 묻어오는 잔잔한 바람결에 작은 날갯짓 소리가 들려올 듯이 분주한 모습이다. 오랜만에 보는 반딧불이라 무서움도 잊었다. 마지막으로 본 게 언제였는지 까마득하다. 꽁무니에서 초롱꽃 닮은 불빛을 내뿜는 반딧불이를 보니 유년의 기억이 떠올랐다.

그때는 여름밤이면 반딧불을 쉽게 보았다. 풀숲에서도 시냇가에서도 '나 잡아 봐라'는 듯이 꽁무니를 깜빡거리며 서너 마리씩 무리지어 밤하늘을 날아 다녔다. 마치 하늘에서 내려온 작은 별 같았다. 별처럼 빤짝이는 불빛이 신기해서 잡아보려고 따라다녔다. 결국 잡지 못한 나는 오빠들에게 잡아달라고 떼를 썼다. 오빠들이 잡아준 반딧불이 두 마리를 달아나지 않도록 종이 상자에 넣어두고 틈 사이로 불빛을 보았다. 밤하늘을 날아오를 때처럼 반짝거렸다. 낮에도 불빛을 내는지 궁금해서 머리맡에 두고 잤다. 아침에 눈을 뜨자마자 상자를 열어 보니 꿈쩍도 하지 않았다. 불빛도 사라졌다. 그때서야 내 호기심 때문에 반딧불이가 죽게 된 것을 알았다. 송충이가 솔잎을 먹어야 하듯이 반딧불이는 밤하늘을 날아다녀야 하는 것을 몰랐다.

다른 소나무 숲에서 반딧불이 한 마리가 또 날아오른다. 등댓불처럼 깜빡거리는 것을 보니 누군가를 향해 신호를 보내고 있나 보다. 짝짓기 신호일까. 종류에 따라 짝짓기 신호가 다른 반딧불이는 완전변태를 한다. 애벌레서 여섯 번의 탈피를 거치고 번데기로 변했다가 성충이 되면 거의 보름을 산다. 그 동안 식음도 전폐한 체 짝짓기를 해야 이듬해 자신을 닮은 반딧불이가 숲 속을 날아다닐 수 있다. 암컷은 풀잎에 앉아서 수컷을 기다리고 수컷은 날아다니며 암컷을 찾는다. 그들은 종족 번식만이 이 땅에 태어난 사명감이라 생각하고 짧은 시간동안 본능에만 전념한다. 평균 팔십여 년을 사는 사람들에 비하면 한순간에 불과하다. 보름이라는 필명(畢命)의 시간이 그들에겐

필생(畢生)의 시간일지도 모른다. 반딧불이는 그 짧은 시간 속에서 후회 없는 삶을 남겨야한다. 암컷을 찾아 선회하는 수컷 반딧불이를 보면서 세상의 불빛을 생각해본다.

세상에는 많은 불빛이 있다. 자기 스스로 빛을 내는 태양과 그 빛을 받아 반사의 빛을 내는 지구와 달을 포함한 행성 위성과 수많은 별빛들. 머나먼 옛날에는 이런 불빛들이 지구를 지배했다. 반딧불이를 찾아다니던 어린 시절에는 집집마다 방을 밝히는 호롱불과 어머니들이 밥을 짓던 아궁이 불빛이 있었지만 이제 찾아보기 힘들다. 고도로 발달된 문명으로 형광등이 집안을 밝히고 가스와 전기로 밥을 지은 지 오래되었다. 거기다 길을 따라 보초처럼 서 있는 가로등과 현란한 네온사인, 도로를 질주하는 자동차 불빛들이 밤 세상에 난무한다. 밤길을 밝히는 유용한 불빛이 있는가하면 수컷 반딧불이처럼 세상 수컷들 발길을 붙잡는 유혹의 불빛도 있다.

요즘 불빛은 대부분 인위적이다. 가식이 보태져서 그런지 따스한 정감이 없다. 인공의 불빛보다 자연의 불빛이 마을을 덮고 있던 어릴 적 풍경이 그립다. 그믐밤에는 아스라이 먼 별빛들이 보석처럼 반짝거렸고 보름밤에는 산과 들에 부서지던 고고한 달빛이 옥양목처럼 하얗게 펼쳐졌다. 여름 밤하늘에는 아치형으로 길게 늘어선 은하수 양쪽에서 견우와 직녀가 칠석

날을 손꼽아 기다리고 있었고 겨울 밤하늘에는 옹골차게 시린 바람 사이로 안드로메다은하와 수많은 이야기를 가진 별자리들이 초롱초롱한 눈빛으로 밤을 새웠다. 밤하늘을 보면서 상상이 끝없이 이어졌고 내 꿈도 자랐다. 이제는 인공적인 불빛이 도리어 공해가 되었다. 도시와 마을을 벗어난 깊은 시골과 산속에서만 자연의 불빛을 볼 수 있다. 불빛뿐만 아니라 그 시절 순박하던 사람들의 마음도 그립긴 마찬가지다.

반딧불이도 옛날이 그리운지 무공해 청정지역인 하천과 습지에서만 산다. 지금은 과다한 농약 사용과 생활하수로 하천이 대부분 오염되었다. 산업화로 인한 무분별한 개발로 반딧불이의 서식처마저 파괴되어 먹이 사슬까지 거의 사라졌다고 한다. 인간들 눈앞에 보이는 이기심 때문에 자연과 더불어 욕심 없이 살아가는 곤충들이 피해를 보고 있다. 이건 곤충만의 문제가 아니라 인간에게도 마찬가지다. 먹을거리뿐만 아니라 지하수나 깊은 산 속의 약수도 마음 놓고 마실 수 없을 만큼 땅과 물이 본성을 잃어버렸다.

어린 시절 흔하게 보았던 반딧불이가 천연기념물이 되었다. 반딧불이도 정이 들지 않는 도심의 현란한 불빛을 피해 뒷산까지 밀려왔는지 모르겠다. 풀벌레도 메뚜기도 반딧불이도 우리와 더불어 마음대로 날아다니며 살았던 시절, 그 시절이 그립다.

어둠을 잊은 도심에서 불빛들이 환하다. 빛을 등진 숲 속에는 어둠을 재촉하는 시간이 흐른다. 흐르는 시간이 빨리 짝을 찾아야하는 반딧불이의 가슴을 까맣게 태우고 있는지 잠시 눈앞에서 사라졌던 반딧불이가 또 비행을 시작한다.

반딧불이는 소나무 숲 어둠 속으로 사라지고 나는 도심의 불빛을 향해 걸어 나왔다.

술맛과 인생

술통에 귀를 대어본다.

톡 톡, 와글와글, 보글보글… 잠결에 들려오는 낙수물 소리 같기도 하고 깊은 산골짜기 어느 모퉁이에 졸졸 흐르는 얕은 물소리 같기도 하고 저녁 때 가족을 기다리며 끓이는 찌개 소리 같기도 하다.

지난여름, 백스코에서 열리는 부산국제관광전을 보러 갔다. 그곳에서 인스턴트처럼 물만 부으면 술이 만들어지는 작은 플라스틱 통을 보았다. 술 만드는 방법이 까다로울 거라 생각했는데 뜻밖이었다. 나도 쉽게 만들 수 있겠다 싶어 두 통을 샀다.

통에는 누룩과 마른 지에밥이 분량대로 들었다. 술 제조를 홍보하는 사람이 한 통에는 국화와 구기자를 넣고 다른 통에는 오미자와 대추를 넣어 주었다. 집에 가서 그어준 눈금까지만 물을 부어 7일정도 숙성시키면 술이 된다고 했다. 술통 표지에 붙여놓은 제조법을 보면서 막걸리나 법주를 만들어 보란다. 법주보다는 요즘 많은 사람들로 부터 관심을 받는 막걸리를 만들기로 했다. 국화와 구기자를 넣은 통에 산에서 떠온 약수를 붓고 숨구멍으로 뚜껑을 조금 열어두었다.

아침저녁 한차례씩 나무 숟가락으로 술을 저었다. 처음에는 마른 지에밥이 물에 불어 빽빽해서 잘 저어지지 않았다. 삼일쯤 되니 밥알이 삭아지면서 젓기 쉬웠다. 누룩에 있던 효소가 발효되면서 밥알이 삭으니 시큼한 냄새와 더불어 공기방울이 기지개를 켜듯 밀고 올라왔다. 술이 익어가는 소리를 듣기 위해서 술통에 가만히 귀를 대어 본다. 이 소리는 주위가 시끄럽다든지 머릿속에 잡념이 있으면 잘 들리지 않는다. 눈을 감고 마음을 한곳으로 모으고 귀를 가만히 열면 수런거리는 술의 태동소리가 들린다.

초등학교 다니던 시절 우리 마을에 술도가가 있었다. 내 친구 영옥이네 집이다. 어쩌다 그 집 대문에 들어서면 마당에는 금방 쪄내 온 지에밥이 멍석 위에 하얀 목화솜을 펼쳐놓은 듯

눈부셨다. 구수한 냄새가 코를 자극하면 침이 꼴깍 넘어갔다. 그런 내 마음을 아는지 영옥이는 일꾼들 눈을 피해 지에밥을 작은 손으로 뭉쳐서 주었다. 두 손으로 꼭 잡고 조금씩 떼서 먹을 때는 졸깃한 맛에 어디로 넘어가는지 모를 정도였다.

술통이 있는 가게 문으로도 가끔 드나들었다. 그럴 때마다 시큼한 막걸리 냄새가 영옥이보다 먼저 다가왔다. 큰 나무 술통에는 쌀뜨물 같은 뿌연 막걸리가 가득 들어 있었다. 영옥이 엄마는 막걸리를 사러 온 사람들에게 기다란 막대기로 술을 휘휘 저어서 양은 주전자에 담아주셨다. 인심 좋은 영옥이 엄마는 가끔 동네 아주머니들을 불렀다. 잘 익은 술맛을 보라며 거래가 아닌 정을 나누었다. 영옥이도 자기 어머니 몰래 내게 술을 내밀었지만 시큼텁텁할 뿐 그 맛을 몰랐다.

사람들은 좋을 때나 힘들 때 술을 찾는다. 술의 힘을 빌려 흥을 돋우기도 하고 힘든 마음을 분산시키기도 한다. 술을 전혀 못하시는 아버지를 닮은 나는 술이 목에서 걸려 넘어가지 않는다. 그런데 둘째 아이를 가졌던 무더운 여름날 가슴이 답답할 정도로 갈증이 나면서 생전 마시지도 않던 막걸리가 문득 생각났다. 막걸리를 사서 한 잔 마시니 갈증이 가시는가 싶더니 시간이 지나면서 머리가 지끈거리며 아팠다. 그런 일이 있은 후 술을 더 멀리 했다. 가족들 모임이나 어떤 모임에서든 원샷 하라면서 억지로 술잔을 건넸을 때 난감했던 적이 한두 번이 아니다. 이 정도이다 보니 술 마시는 사람들 분위기를 잘 맞추지 못했다.

어떤 이는 '술맛을 모르는 사람과 인생을 논하지 마라' 했다. 술을 찾고 싶을 만큼 질곡의 삶을 살지 못한 사람이 무슨 인생을 알겠냐는 뜻이다. 술을 좋아하는 사람이나 술을 마시지 못하는 사람들 모두 가슴 속에는 삭히지 못한 응어리 한두 개쯤은 가지고 있기 마련이다. 그런 응어리가 술통 속 공기방울처럼 보글거리며 올라올 때가 있다. 시간이 지나면서 자연 소멸되는 경우도 있지만 가슴에 깊이 박히면 쉽게 치유되지 않는다. 그럴 때 사람들은 대개 술을 찾는다. 술을 만들기 위해 누룩의 효소가 필요하듯이 마음을 삭히기 위해 술이 필요한 경우다. 이때 마시는 술은 완충제 역할을 해서 마음 속 응어리를 허물기도 한다. 그러나 술의 힘을 빌려서 고된 삶을 녹여내지 못하는 사람들 가슴은 얼마나 답답한지 술 마시는 사람들은 알지 못한다. 숨구멍이 있어야 술이 발효하듯 답답한 심사를 술로써 숨구멍을 열지 못하는 사람들은 생속앓이를 해야 한다. 생속앓이는 독한 술을 마시는 것보다 더한 고통이다.

요즘은 내가 먼저 막걸리를 찾을 때가 있다. 몇 년 전 추석 차례를 준비할 때 시어머니께서 먹어보라며 건네준 막걸리를 먹어 본 후부터였다. 어릴 적 영옥이가 내민 술맛과 달랐다. 톡 쏘는 듯한 시원함이 가슴을 타고 흐르면서 달작하고 순한 오묘한 맛이 혀끝에 감돌았다. 술에 전혀 관심이 없던 내가 쉰이 넘어서 막걸리 맛을 알게 되었다. 술맛도 시대나 나이에 따라 변하는지 이제는 한 잔 정도는 거뜬히 마실 정도로 변했다.

가을바람이 살랑거리면서 술통을 맴 돈지 일주일이 지났다. 술을 거르기 위해 그릇 위에 채반을 놓고 하얀 무명천을 펴 놓았다. 발효된 술을 천천히 쏟아 부었다. 시큼한 술 냄새와 국화향이 사방으로 흩어졌다. 베 보자기를 오므려서 두 손으로 꼭 짰다. 손가락 사이로 노란 국화꽃을 닮은 시간이 흘러내렸다. 걸쭉한 술 속에는 인생과 같은 질곡의 삶이 녹아있는 듯했다.

막걸리는 다섯 가지 맛이 적당히 배합되어야 최고로 친다. 인생도 막걸리처럼 오미 같은 삶을 잘 숙성 시켜야 성숙되는 것일까. 막걸리를 통하여 첫 술맛을 알게 된 나는 인생의 오미가 무엇인지 아직도 아리송하다.

국화 향을 품은 막걸리를 음미해본다. 천천히 목을 타고 넘는다. 국화향이 입 안 가득 퍼진다.

그리하여 어느 날

2부

그곳에 가면

한치 앞을 분간할 수 없을 만큼 안개가 낀 가을이었다. 일요일 아침에 이종언니를 따라 뿌연 안개를 헤치며 낙동강변에 있는 이모네 땅콩밭으로 갔다. 사금 빛 모래가 사방에 깔린 강가에는 땅콩잎이 짙푸른 들판을 이루었다. 푸른 강물과 녹색 들판이 안개와 어울려 강변 풍경이 차분하게 가라앉았다. 잔잔한 강물은 강줄기를 따라 철썩이면서 밀려왔다가 흘러갔다.

땅콩은 땅에서 나는 콩과 식물이다. 모래땅에서 잘 자라는 땅콩의 특성 때문에 마을 앞 강가 모래톱에는 땅콩밭이 끝없이 이어졌다. 호미로 밭을 파면 줄기 끝마다 땅콩이 지천으로 매달려 나왔다. 나는 땅콩밭을 호미로 파다가 날땅콩을 까먹

기도 하고 땅콩밭 언덕에서 찾아낸 쥐구멍을 언니에게 일러주기도 했다. 쥐구멍이 있다고 법석을 떠는 내 말에 언니는 호미를 든 채 달려왔다.

언니는 들쥐에게 싸움을 건네듯이 호미로 구멍을 툭툭 쳤다. 구멍 안에 있을 들쥐에게 겁을 주며 미리 선전포고를 하는 셈이다. 아무 반응이 없자 언니는 주저하지 않고 구멍에다 손을 쑥 집어넣었다. 궁지에 몰린 쥐가 언니의 손가락을 물지나 않을까 조마조마했던 걱정과 달리 언니가 손을 뺄 때마다 통실한 땅콩들이 한 움큼씩 나왔다. 굴 밖으로 나온 땅콩은 촉촉한 모래가 마르면서 햇살에 반짝거렸다. 한 됫박이나 쏟아져 나온 땅콩을 본 언니는 싱글벙글했다.

들쥐로 부터 되찾은 땅콩은 유별나게 고소했다. 알찬 땅콩만을 쥐가 가져간 이유도 있지만 빼앗긴 것을 다시 찾았다는 기쁨이 보태진 탓도 있었지 싶다. 오도독 씹히는 소리가 입속에서 들릴 때마다 겨울 식량을 준비했던 들쥐에게 미안한 생각도 들었다. 그 때 밭둑에 앉아 강 건너로 쳐다본 가을 하늘이 얼마나 맑고 푸르던지.

언니가 일하기 쉽게 땅콩 포기를 양손 가득 집어서 옆 고랑으로 날랐다. 한참 나르다 보니 땅콩포기를 들어낸 곳에 쥐구멍이 또 있었다. 집을 지은 지 며칠 되지 않아보였다. 일주일

전쯤 이모부께서 쟁기로 갈아서 뽑아놓은 땅콩 포기들이 구멍을 덮고 있어 천혜의 은신처가 된 셈이다. 장맛비가 내린 후 지렁이가 흙 속을 기어간 두둑처럼 굴의 흔적이 땅 위로 고스란히 드러난 그곳에도 땅콩이 숨겨져 있을 것만 같았다. 이번에는 언니를 부르지 않고 혼자서 호미로 흙을 걷어냈다.

들쥐 집은 땅콩 줄기처럼 여러 갈래로 뻗었다. 조금씩 파들어 갈 때마다 햇살이 캄캄한 굴 안으로 빨려 들어왔다. 무너질세라 숨을 죽이면서 모래집을 파내는 손에 땀이 배었다. 어둠에 갇혀있던 내부가 시간이 지날수록 환해졌고 나는 보물 동굴을 더듬어 찾아가는 도굴꾼이 된 기분이 들었다.

마침내 들쥐 집이 다 드러났다. 긴 복도를 가운데 두고 양쪽으로 용도를 달리한 여러 방들이 배치되어 있었다. 땅콩이 가득 쌓인 곳간이 있는가 하면 어떤 방은 땅콩잎이 바닥에 가지런하게 깔려 침실 분위기를 풍겼다. 땅바닥을 비로 쓴 듯이 깔끔한 빈방도 서넛 있고 복도 끝에는 마른 땅콩잎이 깔려진 큰 방이 나타났다. 놀랍게도 그 방 한복판에는 죽은 큰 쥐 한 마리를 모셔 두었다.

쥐의 주검 위로 햇살이 비쳤다. 피라미드 속에 안치된 미라처럼 굳어져서 꿈적도 않던 쥐의 털 속으로 햇살이 알알이 박혔다. 금방이라도 눈을 번쩍 뜨면서 숨을 내쉴 것 같고 지켜보던 나에게 조차 온기가 스며드는 듯했다. 살아있는 쥐 집에 모셔놓은 죽은 쥐. 나는 중학생 나이답지 않게 불현듯 삶과 죽음의 경계가 무엇인지 궁금해졌다.

현실(玄室) 바닥에 깔린 땅콩잎은 아직 푸른빛을 잃지 않았다. 땅콩밭을 함께 누볐던 추억을 잊지 말라는 뜻일까. 죽은 쥐와 집 주인 쥐가 어떤 사이일지 더욱 궁금해졌다. 부모자식 간일까 형제자매일까 부부일까 짐작이 쉽지 않다. 조각이불처럼 땅콩잎을 빈틈없이 깔아 놓은 모양새로 보아 보통 사이는 아닐 성 싶다. 사별은 쥐에게도 큰 충격일터인데 죽음을 삶의 일부분이라 생각하여 정성스럽게 꾸미는지도 모를 일이다.

인간 사회는 정반대다. 사람의 명이 다하면 집밖으로 내몬다. 생사의 이분법을 적용하는 것이다. 그런데 내가 찾아낸 땅콩밭 들쥐는 그렇지 않았다. 살아서도 함께 살고 죽어서도 함께 사는 정경이 눈물겹다 못해 숙연해지기까지 한다. 그때까지 내게 강변 들쥐들은 땅콩 절도범이나 불량배쯤으로 보였다. 땅콩밭 주인인양 알찬 땅콩만 먼저 골라 가져가고 허락도 없이 아무 곳에 구멍집을 내는 쥐라면 죽음이라는 의미를 모를 거라 생각했다. 그런데 그게 아니다. 인간이 거둔 알곡을 빌어 목숨을 연명하지만 도리와 신의를 저버리지 않는 올곧은 처신이 인간보다 낫다는 생각이 들었다.

인간들은 정보다 이해득실을 먼저 따진다. 평소에 쌓아왔던 끈끈한 정도 더 이상 도움이 되지 않을 때는 낡은 비닐처럼 쉽게 내버리기도 하고 정승집 개 이야기처럼 자신의 영달만 앞세워 아부하다가 상대가 죽으면 헌신짝같이 신의를 던져버리는 게 인간이다. 이렇듯 이기심이 인간관계의 잣대가 된 지 오래되었고 배려조차 손해라고 생각하는 경우도 있다. 만일 쥐도 그렇다면 주검을 안방에 모셔놓고 애지중지 하지는 않을 게다.

주위를 두리번거렸다. 어디선가 들쥐가 나를 지켜보고 있을 것만 같았다. 땅콩 몇 알을 되찾으려고 재미삼아 들쥐의 집을 파헤치는 나를 보면서 얼마나 가슴 졸였을까. 망가져가는 집터보다 현실(玄室)에 안치한 쥐에게 혹시 해가 갈까봐 작은 손발을 기도하듯 바동거릴지도 모른다. 한줄기 불어오는 강바람 소리에 쥐의 울음소리가 실려 있는 듯했다.

지금도 땅콩밭에는 수많은 세월이 덧쌓여진다. 몇 년 전 체육공원을 만들면서 낙동강변 땅콩밭이 광활한 유채밭으로 변해버렸다. 유채꽃밭에 서니 사십여 년 전 가을에 본 들쥐가 떠오른다. 들쥐의 후손들은 아직도 유채밭 어느 모퉁이에서 집을 지으며 살아오고 있을 것이다. 현실(玄室)도 만들어 두었겠지.

낙동강변 유채밭에는 어느덧 저녁노을이 밀려오고 있다.

그해 여름

더워도 너무 덥다. 폭염이 남긴 복사열이 열대야까지 만들어 한몫 거든다. 에어컨을 틀면 머리가 아프고 선풍기를 틀면 더운 바람이 나와서 밤잠을 설친다. 옛날에도 덥긴 했지만 이만큼은 아니었다. 대책 없는 무더위가 기승을 부리면 일곱 식구가 오순도순 살았던 어린 시절이 떠오른다.

여섯 살 때였다. 그 때 우리 가족이 살던 곳은 스무여 호 남짓한 시골 마을이었다. 골짜기가 깊지 않는 마을 뒷산은 아기 공룡 둘리가 왼쪽으로 드러누운 채로 입을 쫙 벌려 하품을 하는 모양새였다. 집들은 옆으로 누운 둘리가 벌린 아랫입술과 윗입술이 만나는 지점 가장자리를 따라 이빨처럼 형성되었다.

우리 집은 마을 안쪽에 위치한 남향집이었다. 마을 바로 앞에는 용의 여의주를 닮은 작은 동산이 둘리 입안에서 납작 엎드려 있었다. 큰길에서 보면 동산에 가려져 은둔의 마을처럼 숨은 곳이다.

우리 집은 위채와 아래채가 있었다. 위채는 마당보다 지대가 높았다. 우리 가족은 큰방과 작은방 부엌이 있는 세 칸짜리 위채에 살았다. 아담한 집에는 사계절 환한 햇살이 머물렀다. 비만 오면 흙이 찰져서 마당이 질퍽거렸다. 위채 서쪽에는 감나무가 한 그루 있었는데 오월이 되면 달짝지근한 작은 감꽃이 노랗게 피었다. 동쪽에는 작은 텃밭이 있었고 텃밭 끝에는 고성의 성벽처럼 높아 보이는 돌담장이 있었다. 보름달이 뜨는 밤에는 돌담장 위로 까만 도둑고양이 한 마리가 돌아다니는 게 보였다.

무더운 여름이 되면 우리 가족은 마루에서 잤다. 어둡기 전에 일찌감치 저녁을 먹고 밤이 되면 아버지가 미리 쳐 놓은 모기장 안으로 다 모여들었다. 아버지와 큰오빠가 보초를 서듯이 양 옆 바깥에 눕고 우리는 큰오빠 곁에서 나이가 적은 순서대로 안쪽으로 향했다. 넷째인 나는 우리 가족의 중심점이 되어 한복판에서 잤다. 천둥번개가 요란하고 비가 쏟아지는 날을 제외하고는 그렇게 마루에서 한여름 밤을 보냈다. 더위가 가시고 밤 기온이 내려가는 처서가 되기 전에 방으로 들어갔다.

일자형 마루가 대청마루만큼 크진 않았지만 그런대로 넓었다. 그렇다고 아귀가 척척 잘 맞는 정교한 집은 아니었다. 집을 지을 때 목수의 실력이 시원찮았는지 마루가 댓돌 쪽으로 은근히 기울어져 있었다. 우리는 바람이 불어오는 마당 쪽으로 향하여 머리를 두고 누웠다. 방 쪽으로 향한 다리는 높고 머리 쪽이 낮은 자세였다. 머리가 아래쪽으로 향해 있으니 잠이 들 때까지 마루 아래로 미끄러지는 느낌이 들어서 불편했다. 다른 가족은 그러려니 하고 받아들이는지 거기에 대한 불평이 없었다.

그날은 그믐밤이었다. 딱히 마당에서 놀거리가 없어서 가족들이 일찍 잠자리에 들었다. 모두 깊이 잠든 한밤중이었다. 나도 세상모르게 한잠을 자고 있었는데 갑자기 어딘가에 쿵하고 부딪혔다. 깜짝 놀라서 눈을 떠보니 옆에 아무도 보이지 않았다. 무서워서 목청껏 자지러지게 울었다. 내 울음소리를 듣고 식구들이 몽땅 일어났다. 아버지는 재빠르게 곁에 둔 국방색 미제 랜턴을 켰다. 어찌된 영문인지 흙먼지가 뒹구는 마루 아래에 내가 떨어져 있었다. 아버지와 어머니는 나를 얼른 모기장 안으로 올렸다. 걱정스러운 표정으로 어디 다친 데라도 있는지 먼저 살폈다. 별다른 상처가 없자 마루에서 어떻게 떨어졌느냐고 물었다. 겁에 질린 채 울면서 말했다. 도둑고양이가 내 머리카락을 물고 마루 아래로 끄집어 내렸다고.

그해는 마을 분위기가 심상찮았다. 마을 큰길 앞으로 흐르는 낙동강 건너편 미루나무 숲에서 밤마다 도깨비불이 일렁거렸다. 그곳은 6.25 전쟁 때 치열한 전투가 벌어진 곳이었다. 온 마을 사람들이 여느 해와 달리 도깨비불이 춤춘다고 쑥덕거렸다. 큰 변괴가 생길 불길한 조짐일지도 모른다며 몸을 사려서 밤나들이도 삼갔다. 먼 동네에서는 심심찮게 늑대나 여우가 나타나서 어린아이들을 물고 갔다는 이야기가 참인지 거짓인지 확인도 안 된 채 떠돌았다. 이렇게 소문이 흉흉할 때라 아버지는 고양이가 나를 끄집어 내릴 수는 없었을 테고 필시 큰 짐승이 집안에 들어와서 나를 해코지 했다고 단정하셨다.

집안이 발칵 뒤집어졌다. 내 말에 놀란 아버지는 비장한 각오로 온 집안에 불을 밝혔다. 몹쓸 짐승이 집안에 숨어 있을까봐 찾기 위해서였다. 가족을 지키기 위해서 한 손에는 몽둥이를 다잡아 들고 다른 손에는 랜턴을 들고 집안과 바깥을 샅샅이 살폈다. 다 뒤져도 사악한 짐승의 그림자조차 없었다. 그때서야 인기척에 놀란 짐승이 벌써 담 넘어 도망갔다고 여기시는지 안도하셨다. 한 동안 겁에 질린 나는 고양이 짓이라는 말만 되풀이 했다. 그날 밤 놀랜 나를 안심시켜 주려고 아버지와 어머니 사이에서 자게 해주셨다. 오랜만에 누린 호강이었다.

그 일이 있은 후 아버지는 대문 단속을 더 철저히 하셨다. 만약의 사태를 대비해서 여전히 랜턴을 머리맡에 두고 주무셨다. 그렇게 신경을 썼는데도 얼마 지나지 않아서 일이 또 벌어졌다. 희붐해진 새벽에 아침밥을 짓기 위해 어머니가 일어났을 때였다. 어머니와 내 곁에 있어야 할 세 살짜리 여동생이 감쪽같이 사라졌다. 놀란 어머니가 다급하게 아버지를 깨웠다. 우리도 덩달아 일어났다. 허둥지둥거리며 동생을 찾기 시작했다.

아무리 불러도 대답이 없었다. 포악한 산짐승이 또 침입해서 동생을 물고 갔을까봐 부모님이 애태우다가 혹시나 싶어 마루 아래를 살폈다. 한번 잠들면 업어 가도 모르는 잠보인 여동생은 그때까지 마루청 아래에 넣어둔 장작을 어머니인양 부둥켜안고 쌔근쌔근 자고 있었다. 떨어지는 충격으로 아팠을 텐데 칭얼거리지도 않았다. 마음 졸인 부모님은 그것을 보고 가슴을 쓸어내렸다. 의사표시가 확실한 여섯 살짜리 딸아이가 한 말을 못 믿는 것은 아니지만 어쩌면 짐승의 짓이 아니라 기우듬해진 마루와 딸들의 유별스러운 몸부림으로 떨어진 것이라고 어렴풋이 눈치를 채셨지 싶다.

우리는 그렇게 좌충우돌하면서 한 해를 더 머문 후 그곳을 떠났다. 어린 내 표적이 된 고양이는 야밤에 담을 넘어서 사랑 놀음 가는 길이었거나 배고픈 새끼들 먹이를 찾으러 다녔을 것이다. 잠결에 몸부림치다 떨어진 것을 내 탓으로 인정하기 싫어서 능청스럽게 애먼 고양이에게 덮어 씌웠다. 어쩌다 한밤중에 오줌 누려고 일어나면 온천지가 나뭇잎 하나 움직이지 않고 고요한데 달빛만 하얗게 빛났다. 대낮같이 환한 달빛 속에서 살금살금 주위를 두리번거리며 돌담장을 걷던 시꺼먼 고양이의 번뜩이는 야생의 눈빛이 호랑이만큼 무섭고 싫었다. 그게 터무니없는 내 거짓말의 이유였다. 동생에게 빼앗긴 부모님 관심을 받기 위해서 성인이 될 때까지 아무에게도 그 사실을 말하지 않았다.

아무리 시간이 흘러도 가슴 속에 가시처럼 박힌 또렷한 기억들이 있다. 오늘처럼 열대야로 잠 못 이루는 밤에는 어린 내 기억 속에서 박제가 되어버린 그 시절이 어김없이 생각난다. 우리가 잠들 때까지 노란 한지 부채로 바람을 일으켜 주시던 부모님의 온기가 가득했던 집과 비스듬한 마루 때문에 생긴 해프닝으로 온 가족이 잠을 설쳤던 그해 여름밤이. 서른다섯 살 젊은 아버지가 자식을 건사하기 위해 집안에 침입하지도 않았던 짐승과 굳건한 결의로 무언의 대결을 했던 곳. 오늘따라 아버지 어머니가 젊었던 내 유년의 시간이 서럽도록 그립다.

해 뜨는 집

해가 뜬다. 도심을 깨우는 여명의 해가 솟아오른다. 구름을 헤치며 나타난 동짓달 해가 능소화보다 더 붉다.

아침마다 산고를 겪고 나오는 해는 엄숙하다 못해 경이롭다. 추분쯤부터 춘분이 될 때까지 우리 집 거실에서 해가 뜨는 것을 볼 수 있다. 해운대 장산에서 하지를 보낸 해가 기울기가 낮아지면서 황령산자락으로 내려오다가 동지가 되면 이기대 장산봉에서 점을 찍고 다시 해운대 장산으로 되돌아가기 때문이다. 이른 아침에 눈길이 베란다로 향하면 황령산자락에서 이기대 장산봉까지 이어진 불그스름한 기운이 산모의 다홍색 치마가 펼쳐져있는 것 같다.

그 광경은 날마다 새롭다. 맑은 날에는 봉황이 반짝이는 햇살을 몰고 금빛날개를 활짝 펴듯이 힘차게 올라온다. 뭉게구름이 동녘 하늘에 머물 때는 황금빛용이 꿈틀거리며 구름 속을 붉게 물들이다 하늘로 날아오르듯이 불쑥 나타난다. 짙은 해무에 싸여있는 뿌연 도심을 해가 천천히 깨울 때는 무채색 그림 같다. 운이 좋은 날은 갓 태어난 아기의 속살 같이 빨갛게 떠오르는 해를 보게 된다. 그럴 때는 한 점의 티도 없이 태어난 새 생명처럼 소중하고 성스럽게 여겨져서 숙연해지기도 한다. 그 모습은 무생물만 가득한 태초로 거슬러 올라가서 처음 해가 탄생하는 정경을 보는 듯하다. 날마다 다르게 해가 뜨는 풍경을 보고 있노라면 수십억 년 전부터 비밀스럽게 내려오던 전설의 한 장면 같다.

해 뜨는 풍경은 계절마다 다르다. 그 중에서도 겨울날 뜨는 해를 보고 있으면 심장이 쿵쾅거릴 정도로 마음이 설렌다. 몸을 움츠리게 하는 추운 날 떠오르는 붉은 해가 다른 계절보다 더 의미심장하게 다가오기 때문인지도 모른다. 춥고 어두운 밤이 지나 새벽이 오면 해를 낳기 위해 우주가 온 힘을 모으고 덩달아 밤새 불던 바람소리도 잦아든다. 동쪽 하늘이 밤사이 잉태한 태양을 토해낼 때는 나는 숨소리를 죽이고 두 손을 잡고 순산을 기다린다.

가끔 이른 새벽에 일어날 때가 있다. 습관처럼 동쪽 하늘을 본다. 어떤 날은 회색빛 구름이 황령산에서 엄광산까지 가로질러 태고적 거대한 산맥처럼 도심을 감싸고 있다. 그 순간에는 이 도시가 천혜의 요새에 싸여 세상 어느 곳에도 알려지지 않은 비밀스러운 곳처럼 여겨진다. 어슴푸레한 어둠이 물러가고 도시를 둘러싼 구름을 헤치며 떠오르는 해가 장엄해서 여기가 안데스산맥 속에 자리한 고대 잉카제국의 태양도시 쿠스코가 아닐까 하는 착각에 빠진다.

해가 뜨는 것에 관심을 갖게 된 것은 초등학교 3학년 때 부터였다. 6학년인 둘째 오빠가 가을에 경주로 수학여행을 다녀왔다. 불국사와 다보탑, 석가탑, 첨성대 이야기를 해주다가 석굴암에서 본 해돋이 장면에서 열을 올렸다. 오빠는 캄캄한 새벽에 토함산을 걸어올라 희끄무레하게 동살이 잡힐 때쯤 석굴암에 도착했다. 일출 장면을 놓칠까봐 동해바다만 뚫어져라 바라보니 바닷물이 부글부글 끓어오르다가 붉은 해가 불쑥 올라왔다고 했다. 해가 뜨거워서 바닷물이 끓는다며 오빠는 너스레를 떨었다. 바닷물 한가운데서 어떻게 해가 솟는지 묻는 나에게 해 뜨는 집이 동해 바다 속에 있다고 말했다. 그 말을 들은 후 석굴암에 가서 바다에서 해가 뜨는 장면을 꼭 보고 싶었다.

그날 이후 해가 어떻게 뜨고 지는지 혼자서 상상을 했다. 바다 속에서 해가 나온다는 둘째 오빠의 말을 듣고 지구가 평면일거라 생각했다. 그래서 저녁에 서산으로 넘어간 해가 땅 속에서 잠을 자고 아침이 되면 동해 바다를 뚫고 나온다고 여겼다. 나중에 지구가 둥글어서 해가 다니는 길이 하늘에 있다는 것을 알았다. 하지만 둘째 오빠의 표현이 너무 생생해서 바다를 뚫고 해가 나올 거라는 나의 상상은 오랫동안 머릿속에 남아있었다.

14년 전이었다. 새해 일출을 보려고 우리 가족이 1박 2일로 경주에 가기로 했다. 석굴암 앞에 서서 동해바다 위로 떠오르는 태양을 볼 상상만 해도 마음이 들떴다. 전날 밤 잠시 눈 붙인다는 게 모두 5시가 넘어서 깼다. 해돋이를 놓칠까봐 서둘러서 길을 나섰다. 언양쯤 가니 날이 밝아오면서 고속도로가 막히기 시작했다. 석굴암 앞 바다에서 솟아오를 해를 생각하니 마음은 다급한데 차는 거북이걸음보다 더 느렸다. 가다 서다를 반복하던 차가 경주 톨게이트에 접어들기도 전에 토함산 너머에서 해가 떠오르고 말았다.

차속에서 본 새해 일출이 성에 차지 않았다. 다음날 다시 일출을 보러 가기로 했다. 해돋이를 놓치지 않으려고 집에서 보다 더 일찍 일어났다. 밖이 캄캄했지만 해 뜨기 전에 끓어오르는 바다를 바로 눈앞에서 볼 수 있는 감포바다로 갔다.

새벽 잰 바람 사이로 바다는 출렁거렸고 구름이 수평선을 덮고 있었다. 수평선을 가로지른 구름 때문에 부글거리는 바닷물 속에서 뜨는 해를 볼 수 없게 되었다. 아쉬움과 날선 추위로 발을 동동 굴렀다. 날이 밝아지기 시작하자 일출을 보기 위해 모여든 사람들은 펭귄처럼 무리지어 추위를 버티면서 문무대왕릉이 있는 동쪽을 향해 섰다. 아무리 기다려도 바다 속에서 벌써 떠올랐을 해를 구름이 쉽게 보여주지 않았다.

얼마를 지났을까. 해가 서서히 구름 위로 모습을 드러내기 시작했다. 모여 있던 사람들이 누구 먼저 할 것 없이 독립만세 외치듯 함성이 터졌다. 평소에 늘 보던 해도 해돋이 명소에서 보니 첫해처럼 신기한지 모두 아이들처럼 팔짝팔짝 뛰면서 고함을 질렀다. 비록 하루가 늦었지만 두 손을 모으고 주문을 걸듯 소원을 빌었다. 이렇듯 일출의 의미는 새롭게 시작할 수 있는 축복이다. 매일 새로 태어나는 해처럼 하루하루도 날마다 새로워질 수 있다면 얼마나 좋으랴.

오늘도 해가 떠오른다. 이기대 장산봉 너머 광안리 바다 속에서 뜬다. 물속에서 갓 건져낸 물고기처럼 숨을 팔딱거리며 솟아오른다. 어떤 때는 광안리 바다가 부글부글 끓기도 한다. 착각이라도 그렇게 보일 때는 내 가슴도 덩달아 요동을 친다.

생일 선물

초등학교 3학년 때 내 생일날이었다. 아침 밥상에 당연히 놓여야 할 팥밥과 미역국이 보이지 않았다. 아버지와 어머니도 아무 말씀 없었다. 오빠들도 태연하게 밥만 먹고 있었다.

여동생 생일 때도 잊지 않고 차려주던 미역국과 팥밥이 내 생일날에 빠졌다. 눈물이 나오려고 했다. 생일 밥을 해주지 않은 어머니가 미웠다. 혹시 내가 데려온 자식이 아닐까 싶었지만 아무 말도 못했다. 밥을 먹는 둥 마는 둥 숟가락을 놓았다.

아침상이 치워졌다. 생각할수록 서러웠다. 미역국을 끓여주지 않는 어머니와 내 생일을 기억하지 못하는 아버지와 오빠들이 미웠다. 마루에 혼자 우두커니 앉아있으니 괜히 억울했다. 가늘어진 겨울 햇살이 퍼지는 우물곁을 서성이다 장독대를 빙글빙글 돌다가 마당에 섰다. 생일 선물은커녕 미역국도 못 먹었는데 이대로 생일날을 보내기 싫었다. 혹시 아버지한테 말하면 용돈이라도 줄지 모른다는 생각이 들었다.

아버지를 찾아갔다. 교무실 앞 화단에서 까치발로 서서 안을 기웃거렸다. 나를 본 아버지께서 창가로 오셨다. 아버지를 보는 순간 전쟁터에서 아군을 만난 듯 반가웠다. 그리고 서러워서 눈물이 났다. 아버지는 낮은 목소리로 무슨 일로 왔느냐고 물으셨다. "오늘 내 생일인데 엄마가 생일 밥도 안 해주고……대신 아버지께서 용돈 좀 주세요." 울먹거리면서 기어들어가는 목소리로 말했다. 아버지는 용돈을 주면 너의 서운함이 풀리겠느냐고 물으셨다. 나는 고개를 끄덕이면서 돈을 주시면 아무도 몰래 혼자서 과자를 사먹겠다고 했다. 아버지는 제풀에 눈물을 찔끔거리는 열 살짜리 딸아이 마음을 공감하셨는지 2원을 주셨다.(지금 물가지수로 환산 한다면 한 2천원쯤의 가치가 아니었을까 싶은데 정확하지는 않다.)

돈을 받으니 마음이 쪼끔 풀렸다. 동전 두 개를 손에 꼭 쥐고 우리 옆집 태숙이 언니네 구멍가게로 달려갔다. 평소에 먹고 싶었던 왕사탕과 생강 맛 과자와 십리사탕을 샀다. 몽땅 호주머니에 넣고 집으로 가지 않았다. 찬바람이 부는 집 밖으로 돌면서 사탕을 입안에서 살살 녹이다가 작아졌을 때 콱 깨물었다. 오도독 부셔지는 소리가 왠지 통쾌했다. 매콤하고 달짝지근한 생강 맛이 혀끝에서 녹을 때는 아침에 서운했던 것을 잊어버릴 만큼 행복했다. 몰래 먹는 과자 맛이 평소보다 더 달콤했다. 하나씩 꺼내서 점심때가 될 때까지 아껴 먹었다. 저녁때 집으로 오신 아버지는 어떠한 말씀도 하지 않으셨다. 아무도 예상하지 못한 발칙한 내 행동이 아버지와 나만의 비밀이 되었다.

셋째 오빠와 넷째인 나는 음력으로 생일이 같은 날이다. 그렇다보니 어머니는 내 생일을 따로 챙겨주지 않고 셋째 오빠 생일날에 끼워서 해주신다. 오빠 생일에 더부살이 하는 것처럼 갖다 붙이는 게 싫어서 호적에 올라있는 양력 생일날이 내 생일이라고 우겼다.

나는 크리스마스에 태어났다. 친할머니는 생전에 절에 열심히 다녔지만 아버지는 종교를 갖지 않으셨다. 교회 근처도 가지 않으신 아버지께서 예수님이 태어난 날이라면서 양력 생일을 호적에 올려주셨다. 거기에는 앞으로 음력보다 양력이 더 쓰일 거라는 이유가 숨어 있었다. 양력 생일날이 크리스마스라서 특별한 내 생일날이 좋았다.

생일날 축하 받고 싶은 것은 인지상정이다. 어렸을 때는 인형이나 소꿉놀이를 생일선물로 받고 싶었다. 팥밥은커녕 선물 하나 받지 못했다. 고등학교 1학년이 되어서야 친구에게 생일 선물을 처음 받았다. 곱게 포장된 앨범을 내밀면서 날이 춥다며 우동 한 그릇을 사주었다. 친구와 우동을 먹으면서 팥밥과 미역국이 아니라도 의미를 붙이면 다 생일 밥이 된다는 것을 알았다. 아직도 앨범을 볼 때마다 첫 선물 받을 때 들뜬 마음이 생각난다.

결혼하고 두 달쯤 지나 겨울 방학이 되었다. 방학을 본가에서 보내야한다는 남편 성화에 한 달 넘게 시집살이를 하게 되었다. 시댁에서 며칠 지나자마자 내 생일날이 다가왔다. 시댁에서는 양력 내 생일을 몰랐고 효자 남편은 어른들 눈치가 보였는지 일부러 말하지 않았다. 미역국을 못 먹는다고 억울할 건 없는데 가슴이 시렸다. 새 가족이 되는 게 쉬운 일이 아니구나 싶었다.

해마다 남편과 딸 아들 생일상을 내 손으로 차렸다. 소박한 밥상이지만 어미닭이 병아리를 품듯 아이들을 양 옆에 끼고 둘러앉아서 먹는 게 행복했다. 아이들 생일 때는 친구들을 불러서 생일잔치도 해주었다. 가족들 생일을 챙길 때마다 생일 밥에 허기졌던 내가 보상 받는 기분이 들었다.

자식들이 자라서 직장 때문에 떠나고 결혼해서 떠났다. 자식들이 집에 없어도 생일이 되면 팥밥과 미역국을 끓인다. 음식을 준비하는 동안 키우면서 힘들었던 일 즐거웠던 일을 떠올리면 펄펄 끓는 미역국처럼 가슴이 뜨거워진다. 곁에 없더라도 정성을 쏟아서 생일 밥을 챙기는 게 자식 잘 되라고 축원하는 의미도 담긴 것 같고 엄마노릇도 하는 것 같아서 마음이 편했다.

요즘은 며느리 첫 생일상은 시어머니가 해준다고 한다. 그런 이유가 아니라도 생일 밥에 응어리가 맺혀서 며느리 생일상을 꼭 내 손으로 차려주고 싶었다. 햇살이 화창한 며느리 생일날이었다. 곰솥에다 소고기를 듬뿍 넣어서 끓인 미역국과 팥밥이 식지 않게 스테인리스그릇에 담아서 스티로폼 박스에 넣었다. 며칠 전부터 만들어둔 김치와 밑반찬들 소고기 야채와 갖가지 과일을 차에 실고 회 센터로 갔다. 며느리가 좋아하는 회와 멍게 해삼 새우 전복을 샀다. 아들네에 도착해서 마음을 담은 용돈도 건네고 정성이 담긴 생일상을 차려주었다. 생일상을 통해서 새 식구가 된 것을 두 팔 벌려 환영한다는 우리 마음을 며느리 가슴에 전해주고 싶었다. 맛있다는 며느리의 바쁜 손길을 보니 묵은 체증 같았던 내 소원이 이루어져서 속이 시원했다. 새 가족은 어른이 먼저 보듬어야 온전한 식구가 된다.

지난해 겨울이었다. 내 생일날에 딸과 아들 며느리가 모두 올 거라며 미리 연락이 왔다. 그날 눈이 온다는 예보가 있어서 걱정되어 오지마라고 했더니 눈이 오면 차를 두고 기차를 타고서라도 가겠다는 대답이 돌아왔다. 울컥 목이 메었다. 폭설도 가로막지 못하는 끈끈한 가족의 정이 고래힘줄보다 강했다. 다행히 생일날 날씨가 맑았다. 자식들이 좋아하는 음식을 해놓고 기다리는데 아버지 생각이 났다.

양력 생일을 호적에 올려주신 아버지가 고마웠다. 덕분에 우리 가족은 공휴일인 내 생일날이 되면 어김없이 한자리에 모이게 된다. 생각해보면 가족이 모여서 따뜻한 밥 한 끼를 같이 먹을 수 있는 이 행복은 돌아가신 아버지께서 내게 주신 가장 큰 생일 선물이었다.

명줄

가을이 저문다. 만산홍엽이 옷을 벗고 벚나무 가로수에도 얼마 남지 않은 빨간 잎사귀들이 아슬아슬하게 가지 끝에 매달렸다. 잎을 떨구어 낸 앙상한 나뭇가지가 점점 야위어가는 어머니를 닮았다.

어머니는 열아홉 살에 시집왔다. 다섯 남매를 낳을 때마다 외할머니께서 갖다 나른 잉어곰탕으로 몸보신을 했다. 거기다가 숨이 턱턱 막힐 정도로 무더운 한여름에 막내 여동생을 낳아서 그런지 잉어곰탕으로 모자라서 그해 겨울에는 염소 한 마리까지 드셨다. 시집 올 때 날씬했던 어머니는 다섯 아이 뒤치다꺼리로 힘들었을 텐데 산후에 먹은 보양식 때문인지 슬그머니 살이 찌기 시작했다. 내가 초등학교에 입학할 무렵 75kg에 육박했다.

초등학교 일학년 때 운동회 날이었다. 일학년은 혼자서 달리다가 중간 지점에서 어머니 손잡고 뛰는 달리기가 있었다. 나는 재빠르게 일등으로 달려와서 어머니 손을 잡았다. 마음만큼 몸이 앞서지 못하고 뒤뚱거리는 어머니를 힘껏 당기면서 뛰었지만 삼등으로 밀려났다. 그날 처음으로 뚱뚱한 어머니 때문에 속상했다.

사람들은 노거목 둥치만큼 허리가 굵은 어머니를 도라무통(드럼통)이라고 수군거렸다. 비만한 사람이 귀하던 시절이라 어머니를 처음 보는 사람들은 어김없이 외계인이라도 발견한 것처럼 놀라 눈을 휘둥그레 뜨고 입을 다물지 못했다. 살찌는 것도 가속도가 붙는지 날이 갈수록 더 뚱뚱해졌다.

어머니가 쉰이 되기 전에는 살을 빼려고 몇 번 노력은 하셨다. 한두 달 동안 줄넘기와 윗몸 일으키기 같은 운동을 했다. 기하급수적으로 늘어난 지방세포가 몸 곳곳에 뿌리를 깊게 내려 둥지를 단단히 틀었는지 두루뭉술한 몸매가 변동이 없었다. 누구라도 식습관과 생활 습관을 확 바꾼다는 게 여간 어려운 일이 아니다. 어머니도 당기는 입맛을 주체하지 못해 많이 먹는 습관을 고칠 생각은 않고 쪼끔 하다만 운동으로 안 되니 살찌는 게 체질인양 받아들이며 체념해버렸다.

편한 길을 선택한 대가가 혹독했다. 예순이 넘으면서 고혈압에다 당뇨병까지 달라붙었다. 그때는 미리 살을 빼지 못한 것을 가슴 치며 후회해도 소용없었다. 당뇨가 심해지니 건강을 해쳤던 살이 빠졌다. 당뇨약을 드시면서도 좋아하는 음식이 눈앞에 보이면 참지 못하고 입으로 가져갔다. 평생 관리해야 하는 병이라 나름대로 식후에 걷고 낮은 산에도 다녀오곤 했지만 먹은 양만큼 칼로리를 소비하지 못했다. 결국 상태가 심각해져서 당신 손으로 인슐린까지 놓게 되었다.

인슐린은 근육이 아닌 피하지방에 놓아야 한다. 똑같은 장소에 놓게 되면 살이 패이거나 딱딱해지는 부작용이 생긴다. 어머니는 남들처럼 건강해지고 싶은 마음이 절박했다. 날마다 일어나자마자 혈당 검사를 먼저하고 셋째 오빠가 인쇄해준 인체 모형도에다 주사할 부위를 낡은 볼펜으로 동그랗게 점을 표시한다. 그 다음에 냉장고에 보관해둔 엄지손가락만한 인슐린 병을 꺼내서 고무 뚜껑에 주사기를 꽂고 정해진 용량을 눈금에 맞게 주입해서 빼낸다. 왼손 엄지와 검지로 늘어진 뱃살을 꽉 잡고 얼굴하나 찌푸리지 않고 간호사처럼 능숙하게 주사 바늘을 찌른다. 그 모습이 얼마나 엄숙한지 당뇨를 초전박살이라도 내고야 말겠다는 비장한 결의가 느껴진다.

어머니는 인슐린을 만병통치약처럼 맹신하셨다. 입맛이 당기는 대로 과식했다가 혈당이 올라가면 걱정이 되어 다시 소식을 하니 당 조절이 제대로 되지 않았다. 그 탓에 저혈당 쇼크가 와서 서너 번 넘게 응급차에 실려 병원에 입원하셨다. 그런 후 저혈당으로 쉽게 떨어지지 않는 '란투스'로 인슐린 주사약을 바꾸었다. 그래도 음식 조절을 철저히 못해서 저혈당 전조 증상으로 여남은 번 넘게 기함을 했다. 이런 일이 자꾸 생기다 보니 생의 고비가 언제 닥칠지도 모른다고 생각하는지 늘 불안해 하셨다.

당뇨는 생각보다 합병증이 심각하다. 건강에 자신을 잃은 어머니는 몸에 나타나는 어쭙잖은 증상에도 예민하게 반응했다. 손에 가시가 하나 박혀도 큰일 났다면서 소독약을 바르고 상처가 덧날까 법석을 피웠다. 무엇보다 합병증이 생길까봐 늘 노심초사했다. 당뇨 합병증은 눈에는 망막증이 생기고 신장 기능이 저하되면 혈액투석까지 받아야 한다. 심혈관질환에도 영향을 주고 말초신경에 문제가 생기면 피부 괴사도 나타난다. 관상동맥이 막혀서 풍선으로 뚫은 어머니는 이런 합병증이 언제 생길지 모른다고 겁을 먹으며 몸보다 마음이 먼저 약해졌다. 관리만 잘하면 건강한 사람보다 오래 살 수 있다는 말을 아무리 해도 한번 약해진 어머니 마음은 쉽게 회복되지 않았다. 사람들은 마음이 약해지면 어딘가에 의지를 하게 된다. 어머니도 예외는 아니었다.

언제부터인가 어머니 허리춤에는 부적주머니가 달려 있었다. 손바느질로 만든 하얀 무명천 주머니에 부적을 작게 접어 넣고 저승사자가 와도 풀지 못하도록 입구를 여러 겹으로 촘촘하게 꿰매서 흰 고무줄에 달아 허리에 차고 계신다. 혹시 떨어지기라도 할까봐 고무줄에다 실을 몇 번이나 옭아매었다. 얼기설기 옭아맨 실들이 삶에 대한 간절한 바람 같아서 마음이 저렸다.

어머니는 정초에 한해살이를 준비하신다. 일 년의 무사안일을 기원하면서 철학관에 가서 새 부적을 받아 손때가 묻은 부적주머니에 넣어 두신다. 부적주머니는 목욕할 때만 빼고 몸에 꼭 붙어있다. 남이 볼까봐 옷 속으로 숨기지만 어떤 때는 밖으로 삐죽이 나와 달랑거린다. 저혈당 쇼크로 응급차에 실려 갈 때도 어머니의 허리춤에는 부적주머니가 명줄처럼 달려 있었다. 위험한 고비를 여러 번 넘긴 어머니는 모든 게 부적 덕분이라 생각하는지 신주단지 모시듯 한다. 부적이 자신을 지켜준다고 굳게 믿고 계시는 것 같다.

올해 들어 어머니는 부쩍 기운이 없으시다. 찬바람에 언제 떨어질지도 모르는 잎들을 겨우 붙잡고 있는 나뭇가지처럼 기력을 소진해 간다. 기운을 점점 잃어가지만 자식에 대한 걱정은 예전보다 더 하고 노파심에 잔소리도 늘었다. 그런 걱정거리가 어머니 삶에 애착을 가지게 했지 싶다.

겨울을 준비하는 나뭇가지에 바람이 분다. 내년을 기약하며 노을빛으로 물든 잎이 또 떨어진다. 바싹 마른 낙엽처럼 구순을 넘어선 어머니의 몸이 사그라지고 있지만 굽어진 허리춤에는 부적주머니가 어머니를 단단히 붙들고 있다.

아버지

아버지 웃음이 바람결에 나붓대는 코스모스를 닮았다. 아버지 얼굴이 가을햇살처럼 환하다.

아버지 사진이 어머니 화장대 위에 망부석처럼 놓였다. 친정에 갈 때마다 어머니 방에서 아버지를 만난다. 활짝 핀 코스모스 속에서 웃는 모습이 편안해 보인다. 빛바랜 사진 속 눈길에는 따스한 온기가 그대로 남았다. '아버지'하고 부르면 금방이라도 대답을 하실 듯하다. 아버지가 우리 곁을 떠난 지 35년이 되었다.

아버지가 위독하다는 전화를 한기가 가슴을 파고드는 추운 겨울에 받았다. 그 순간 몸에서 비늘이 거꾸로 치솟듯이 소름이 돋아났다. 보이지 않는 탯줄로 이어진 아버지와 영원히 이별하게 될지도 모른다는 불안한 생각이 들어서 무서웠다. 다급하게 가족들이 친정으로 모여들었다. 아버지가 생사의 고비를 힘겹게 넘나들 때마다 자식들 애간장을 태우더니 일주일을 넘기지 못하셨다. 갑작스러워서 충격이 컸다.

아버지는 고향에서 팔남매 중에 막내로 태어났다. 백일이 지났을 무렵 할아버지께서 돌아가셨다. 아버지가 일곱 살이 되었을 때 일본에서 사업하던 큰아버지가 데리고 가셨다. 학교가 멀고 먹거리와 입성이 형편없는 산골보다 후쿠오카에서 교육을 시키기 위해서였다. 그때부터 아버지는 큰아버지 댁에서 두 살에서 대여섯 살 어린 당신 조카들과 형제자매처럼 자라면서 학교를 다녔다.

아버지는 어린 나이에 맞닥트린 낯선 타국 생활이 만만하지 않았을 것이다. 말이 다르고 풍습도 다른데다 사소한 투정조차 받아줄 사람이 없었으니 작은 가슴으로 삭히며 살아온 세월이 얼마나 벅찼을까 싶다. 외로울 때마다 고향에 계신 할머니와 얼굴을 기억 못하는 할아버지 생각에 남몰래 눈물을 훔친 날도 수없이 많았을 것이다.

아버지가 고등학교 3학년 때 해방이 되었다. 큰아버지는 바로 귀국을 결정하고 일본군 몰래 당도리 같은 큰 나무배 한 척을 구입해서 밀항을 준비하셨다. 007작전처럼 귀국날짜를 비밀에 부쳤다가 그들 눈을 피해서 가솔들과 인근에 살던 일가친척들과 당분간 먹을 양식을 싣고 바람과 물결이 거센 현해탄을 건넜다. 다시 낙동강을 거슬러 2백리 길이나 올라와서야 고향 마을 앞 광려천에 도착했다.

아버지는 인근 도시로 나가 공부를 다 마친 후 초등학교 선생님이 되셨다. 스무 세살 때 열아홉 살 어머니와 결혼해서 3남 2녀를 두었다. 성품이 자상했던 아버지는 자식에 대한 정성이 남달랐다. 자식들이 갓난아기일 때 잠에 빠진 어머니 대신 밤새도록 기저귀를 갈아주었다. 사진사가 마을에 올 때마다 가족사진을 찍어줬고 자식들 학년이 바뀔 때마다 전과와 수련장 크레파스를 사주셨다. 큰 오빠를 고등학교 때부터 서울로 유학시킬 정도로 자식 교육에 심혈을 기울였다. 할아버지에게 못 받았던 정이 그리웠는지 다섯 자식이 모두 결혼할 때까지 소소한 것까지 챙기며 그렇게 정을 쏟았다.

아버지와 나 사이에도 잊지 못할 일들이 수두룩하다. 내가 두 돌이 지났을 때였다. 목에 난 종기가 밤톨만한 크기로 벌겋게 부풀어 올랐다. 버스를 두 번 타고 읍내 가서 마취 없이 수

술을 한 후 아프다고 울며 보채는 나를 업었다. 집으로 돌아올 때는 버스를 한 번 타고 와서는 나를 업은 채로 한여름 뙤약볕이 쏟아지는 한낮에 신작로를 십리 넘게 걸어 기진맥진해서 집에 오셨다. 그때 우리가 살던 집은 버스가 아침저녁 두 번만 다니는 곳이었다.

아버지와 우리가족이 낙동강 강가에 살던 다섯 살 때는 이런 일도 있었다. 집 앞에 태풍이 휩쓸고 간 위태한 모랫둑 공터에서 동네 아이들과 놀다가 내 실수로 어른 키 두 배가 넘는 낭떠러지 아래로 떨어져서 거꾸로 처박혔다. 얼굴은 흙 범벅이 되었고 발 앞에는 시퍼렇게 살아있는 물이 철썩거리는 강기슭 비탈진 흙 위에 겨우 서서 무서워서 목 놓아 울었다. 그때 강에서 배 타고 고기를 잡던 어부의 다급한 고함소리를 듣고 아버지가 한달음에 달려오셨다. 땅바닥에 납작 엎드려서 나를 내려다보며 절벽처럼 들쑥날쑥 깎여있는 흙더미를 차례차례 가리키면서 그곳을 밟고 올라오라고 하셨다. 휘청거리며 거의 다 올라왔을 무렵 아버지가 내민 손을 잡았을 때 안도감에 겨워서 서럽게 울었다. 그날 오라버니 셋은 내가 죽은 줄 알고 부모님께 혼날까봐 지레 겁먹고 저녁이 될 때까지 뒷산에 숨어있었다.

아버지 옆자리는 늘 막내 여동생이 차지했다. 그래도 나는 가끔 아버지 옆에 앉아서 손등에 솟은 핏줄이 신기해서 가만가만 눌러보기도 하고 내 밥을 다 먹고도 아버지 밥그릇을 넘보면서 한 순갈 슬쩍 떠먹는 아이였다. 그뿐만 아니다. 친구들보다 먼저 감꽃을 주우러 가야하니 이른 아침에 꼭 깨워달라고 부탁도 하고 내 생일날 용돈 달라고 교무실까지 찾아가기도 했다. 아버지가 주무시다 입을 오물거리는 것을 몇 번 보고는 진짜 궁금해서 다음날 아침에 어젯밤 주무실 때 우리 몰래 사탕을 드신 게 아니냐고 천진난만하게 물어보는 그런 철부지로 어린 시절을 보냈다.

아버지만 생각하면 지금도 가슴 저리는 게 있다. 집을 떠나 큰집에서 고등학교를 다니던 1학년 때 토요일이었다. 초가을 날씨 탓인지 그날따라 집 생각이 간절해서 통학기차를 기다리는 친구들과 교실에 남아서 호수 같은 바다를 하염없이 바라보다 버스도 타지 않고 한 시간가량 터벅터벅 걸어서 큰집에 갔다. 그때 큰어머니께서 "아이구 왜 이리 늦었노 너거 아버지가 여태 널 기다리다 막차 시간 때문에 방금 가셨다"고 했다. 가방을 던져놓고 골목길을 내달려 큰길가로 나갔지만 아버지가 보이지 않았다. 한참을 찾아 헤매다가 큰집으로 되돌아오는 골목길에서 눈이 빨개지도록 울었다. 하필이면 그날 평소에 안하던 짓을 딱 한번 했었다. 출장오신 아버지는 딸이 감감

무소식인데다가 그때는 집이 멀어서 버스를 두 번 갈아타고 3시간 넘게 가야하는 곳이어서 더 기다리지 못했다. 아직도 딸을 못 만나고 가는 아버지의 쓸쓸한 뒷모습이 떠오를 때마다 울컥울컥 목이 멘다.

아버지는 당신 말씀에 순종하기만 강요하던 어머니와 달랐다. 내 일은 내가 결정하도록 의견을 물으셨다. 내가 성년이 되었을 때는 여자가 갖추어야 할 덕목을 말씀하셨고 예술적 재능을 겸비한 신사임당 같은 현모양처가 되라며 사군자와 붓글씨를 연습하라고 책과 벼루를 내미셨다. 서울에 다녀올 때는 최신형 내쇼날 드라이기와 화장하는 법과 머리 손질하는 책도 사다주셨다. 어머니 몰래 나를 불러서 사사건건 간섭하는 어머니 눈치 보지 말고 화장이든 옷차림이든 네가 하고 싶은 대로 마음껏 멋 부리라고 당부하셨다. 어머니가 정한 틀에 갇혀 주눅들지 말고 내 삶을 적극적으로 주도해 나가는 당당한 딸이 되길 원하셨다.

아버지 뒤를 이어 내게도 교사가 되길 바래셨다. 내 실수로 그 꿈을 이루어 드리지 못했다. 그런 아버지께서 사십여 년을 교단에 계시다 정년퇴임을 한 해 앞두고 떠나셨다. 이제는 내 편이 없다는 게 서러워서 가슴이 무너졌다.

아버지가 떠나신 후에 무수히 아버지를 떠올렸다. 좋은 일보다 세상의 문턱에 걸려서 허우적거릴 때마다 아버지가 간절하게 생각났다. 친정에 가면 주인 잃은 아버지 방을 볼 때마다 빈자리가 크게 느껴졌다. 거기다가 생전에 못 해드린 게 더께로 쌓여있어서 늘 가슴이 뭉클거렸다. 아버지에게 받은 만큼 미처 보답 못한 게 이렇게 가슴 아플 줄이야.

아버지가 보고 싶을 때는 어릴 적 살았던 옛집을 찾아갔다. 대문 앞에 수양버들이 있던 집, 달큰한 감꽃이 피던 집, 낙동강변을 따라 땅콩밭이 무성했던 그 집들을 찾아가면 다섯 자식들 건사하던 젊은 아버지의 숨결과 목소리와 모습이 그대로 느껴졌다. 옛 시절이 신기루처럼 사라져버린 적막강산 같은 그곳에서 아버지를 떠올리며 세상에 맞설 힘을 얻어 다시 세상으로 나왔다.

아버지를 닮았지만 아버지만큼 마음이 단단하지 못했다. 거기다 예민해서 사소한 일에도 상처를 받았다. 입안에 단내가 나도록 치열하게 살지 않아서 제 앞가림도 못하는데다 세상살이가 벅차서 주저앉고 싶을 때도 있었다. 그럴 때마다 아버지를 생각하면 용기가 생겼다. 하지만 보드기처럼 쭉쭉 뻗지 못한 나는 아버지의 아픈 손가락이었다.

아버지는 당신이 태어난 고향마을 앞산자락에 계신다. 그곳에서 막내 동생을 일본으로 데려갔던 큰아버지 내외분과 함께 자식들을 기다리신다. 여름이 끝나갈 무렵 아버지를 찾았다. 세상 시름 다 잊은 듯 푸른 산자락에 누워계신 아버지를 보니 가슴이 미어졌다.

아버지와 나는 몇 겹의 생을 돌아야 다시 만날 수 있을까. 어느 것 하나 변변하지 못했던 딸이 이제는 돌아갈 수 없는 옛 시절을 애타게 그리며 아버지께 큰절을 했다. 다섯 남매의 서열에서 밀리고 아들 딸 차별에서 밀리고 막내에게 밀려서 마음에 외로움을 달고 살던 넷째인 큰딸이 생인손처럼 마음에 걸렸을 것이다. 이런 나 때문에 가슴 한구석이 편하지 못했을 텐데 한 번도 내색하지 않으셨다. 그런 아버지가 가만가만 내 어깨를 다독이며 '세상살이 별것 없다. 무슨 일이 있어도 어릴 때처럼 울지 말고 외로워하지 말고 남편과 자식들 건사 잘 하면서 꿋꿋하게 네 길을 가라'고 하실 것만 같다.

아버지 산소 위로 펼쳐진 아늑한 하늘을 바라보았다. 금방이라도 비가 내릴 듯 흐리다. 아버지도 할아버지가 생각날 때 나처럼 하늘을 보았을까. 고개를 숙이니 자식 걱정에 목이 메는 아버지 눈물 같은 빗방울이 내 눈물과 함께 산소 위에 떨어졌다.

꿈은 이루어진다

꿈은 희망이다. 희망은 이루어지기도 하고 이루어지지 않는 경우도 허다하다. 비록 허황된 꿈일지라도 실패를 두려워하지 말고 자신의 꿈을 향하여 나아가야 한다.

내 꿈은 초등학교 때부터 생겼다. 달리기를 좋아했던 나는 1964년 동경 올림픽 마라톤 중계방송을 듣고 달리기 국가대표가 되고 싶었다. 나중에 어린 나보다 달리기를 잘하는 사람이 많은 것을 알았다. 그 후 자주 꿈이 바뀌었다. 꿈 많은 여고시절에는 국어국문학과 가정학과 미술학과 중에 하나를 선택해서 진학하고 싶었다.

부모님이 원하는 꿈은 내 꿈과 달랐다. 교육자이신 아버지

따라 초등학교 교사가 되길 바라셨다. 교육대학은 국립이라 등록금이 싸고 2년제였다. 빨리 졸업해서 스스로 내 앞가림을 했으면 하셨다. 내 꿈이 아니었지만 교대가 희망사항이 되었다.

예비고사는 11월 중순에 치렀다. 본고사는 졸업식이 끝나고 일주일 뒤에 있었다. 시험 치는 날이 졸업한 후라 교복을 입고 갈 수 없다며 어머니께 새 옷을 사달라고 졸랐다. 내 성화에 못 이겨 모자가 달린 밤색 반코트와 베이지색 홈스펀 바지를 사주셨다. 거기다 굽 높은 검정구두를 신으라고 했지만 쑥스러워서 홍시보다 더 고운 주홍빛 단화가 좋다고 고집을 부렸다. 칙칙한 구둣가게를 환하게 밝혀주는 주홍색이 마음에 쏙 들었다.

시험 치러 가는 날이었다. 새 옷을 입을 생각에 이른 아침부터 마음이 설렜다. 얼른 옷을 갈아입고 같이 시험 치러갈 친구를 기다렸다. 그런데 집 근처 사는 친구가 교복을 입고 대문 앞에 나타났다. 순간 당황했다. 졸업식도 했는데 교복을 입고 오다니. 갈등이 생겼지만 내팽개쳐진 교복을 다려서 입기에는 너무 늦었다. 불편한 심기로 대문을 나섰다. 찬바람이 부는 한길로 나오니 햇살에 반짝거리는 주홍색 신발이 눈에 거슬리기 시작했다. 가게에서 귀부인처럼 우아했던 구두가 변심한 아낙처럼 촌스럽게 될 줄 몰랐다. 모든 사람이 내 구두만 쳐다보는 것 같았다.

엉거주춤 거리면서 대학교로 가는 버스를 탔다. 버스 속에는 같은 대학에 시험 치러 가는 친구들이 모두 교복을 입고 있었다. 졸업을 했으니 당연히 사복을 입을 거라고 여겼는데 낭패를 당한 기분이었다. 아까보다 더 심란해졌다. 사람들이 굳이 나를 보는 것도 아닌데 창피한 생각에 몸 둘 바를 몰랐다. 폼 나게 새 옷을 입고 싶었던 마음은 간데없고 몸이 자꾸 움츠려 들었다. 무채색 일색인 사람들 옷차림 속에서 홍일점으로 튀는 구두까지 내 속을 긁었다.

대학교에 도착해서 더 큰 문제가 생겼다. 가방과 호주머니를 다 뒤져도 수험표가 없었다. 어디서 잃어버렸는지 생각조차 나지 않았다. 앞이 캄캄하고 진땀이 났다. 대학교에서는 수험표가 없으면 시험을 볼 수 없다면서 한 푼어치 인정사정도 없이 딱 잘라 말했다. 발만 동동 굴렀다. 혹시나 하는 마음에 함께 시험 치러간 친구가 자기 집으로 전화를 했다. 우리 집에 연락해서 혹시 수험표가 있는지 알아봐 달라고 부탁했다.

시험 시간이 다가오니 입이 바싹 말랐다. 친구들은 모두 교실에 들어갔다. 혼자서 교문 앞에서 무작정 기다렸다. 사라진 수험표를 가지고 올지도 안 올지도 모르는 상황이었다. 오만 가지 생각이 머릿속을 헤집으며 요동을 쳤다. 이대로 시험을 못 치는 게 아닐까. 그럼 내 인생은 어떻게 되지. 정신이 멍해졌다. 주저 앉아서 울고 있을 때 택시에서 셋째 오빠가 다급하게 내렸다. 내 책상 위에 수험표가 그대로 있더라고 하면서 건네주었다. 받자마자 시험장으로 달렸다.

가까스로 교실에 들어갔다. 놀랐던 마음이 시험을 치는 내내 진정되지 않았다. 아는 것도 생각나지 않고 모르는 것은 더 캄캄했다. 시험이 끝날 때까지 문제에 집중하지 못하고 새 옷과 구두가 거북해서 신경이 곤두섰다. 다음날 예체능 시험이 있었다. 미술을 선택한 수험생 중에서 2등을 했다. 하지만 본시험을 망쳐서 결국 떨어졌다.

오기가 생겼다. 2차에서 4년제 사립대학에 진학하려 했다. 그때 큰오빠와 연년생인 둘째와 셋째 오빠가 한꺼번에 사립대학을 다니고 있었다. 돈이 없는 것도 아닌데 어머니는 살림이 벅차다며 등록금이 비싼 사립대학에 갈 생각은 꿈도 꾸지마라고 못을 박았다. 밥을 굶으면서 애원해도 소용없었다. 어머니는 딸의 미래에 투자하기보다 손안에 있는 돈에 더 큰 가치를 두었다.

그 후 내 꿈이 멈춰버렸다. 새 옷에 된통 당하고 나서야 '시험 치러 갈 때 새 옷을 입지마라'는 뜻이 무엇인지 뼈저리게 통감했다. 그런 내 속도 모르고 어머니는 재수 할 생각조차 하지마라면서 아예 내 꿈을 잘라버렸다. 여지도 주지 않는 완고한 어머니 말씀 때문에 벼랑 끝에 선 심정이었다. 무지갯빛 찬란한 꿈도 모자랄 풋풋한 청춘인데 꿈 없이 산다는 건 고역이었다.

대학 다니는 친구들은 갓 피어난 벚꽃처럼 화사했다. 그런 친구들을 만날 때마다 열등감이 생겨 괜히 주눅 들었다. 무엇보다 친구들은 폭넓은 학문을 배워서 성장하는데 나만 멈추어서 낙오자가 된 두려움이 견딜 수 없었다. 속절없이 끊어진 학문의 끈을 이어보려고 주석을 깨알 같이 써놓은 교과서와 참고서를 차마 버리지 못했다.

시집 올 때 그 책들을 혼수처럼 갖고 왔다. 시집을 온 후에도 대학교 이야기만 나오면 죄인처럼 가슴이 뜨끔거렸다. 내 실수로 대학교를 가지 못한 자괴감이 오랫동안 따라다녔다. 내 마음을 안 남편이 언제든지 대학교에 가라고 했지만 내 욕심보다 자식들이 먼저라 꿈을 접었다.

해마다 수능 보는 날에는 아침 뉴스에서 눈을 떼지 못했다. 간혹 지각해서 되돌아가는 학생을 보면 내 일처럼 서러워서 훌쩍거렸다. 자식들이 수능을 보는 날에는 수험표와 준비물을 함께 챙기고 고사장까지 따라갔다. 굳게 닫힌 교문 앞에서 첫 시간이 마칠 때쯤에야 안심을 하고 집으로 오곤 했다. 내 실수가 생각나서 그렇게라도 하지 않으면 마음이 놓이지 않았다.

나이가 들어도 입시철만 되면 대학교에 가고 싶은 욕망이 꿈틀거렸다. 작은 아이가 대학교 시험 치던 해에 결심했다. 미련이 남은 대학공부를 하고 싶어서 한국방송통신대학교 국어국문학과에 입학했다. 아이러니 하게도 나를 그토록 괴롭히던 새 옷 사건이 내 꿈을 새롭게 이루는 기회가 되었다.

40대 후반에 대학교에 입학했다. 최첨단 시스템으로 최신 학문을 다양하게 배우니 옛날에 대학교를 다녔던 친구들은 구세대가 되었고 늦게 공부하는 나는 신세대가 되었다. 각자 꿈을 이루기 위해 모여든 학우들과 세대를 초월한 우정도 생겼다. 그들과 어울려 지식에 목말랐던 미완의 여백을 채우는 과정이 즐거워서 그 동안 마음고생 했던 게 눈 녹듯이 사라졌다. 늦게 시작했기 때문에 더욱 절실하게 다가온 행복이었다.

꿈이 있어야 인생을 완성시킬 수 있다. 꿈은 살아있는 생명이다. 설령 그게 신기루일지라도 잡아야 한다. 대학을 졸업한 후에도 꿈이 우후죽순처럼 생겼다 사라졌다. 우리는 모두가 완생(完生)을 향해 달려가는 미생(未生)들이다. 굼틀거리는 꿈이 있으면 내 삶을 내 인생을 적극적으로 주도해 나갈 수 있는 힘이 생긴다. 거기다 채우지 못한 인생의 여백이 자신만의 색깔로 채워지게 된다.

피치 못할 사정이 생기더라도 꿈을 포기하지 마라. 꿈이 있으면 언젠가는 기회가 생긴다. 그 기회를 잡아서 노력하면 반드시 꿈은 이루어진다.

그리하여 어느 날

3부

철새는 날아가고

그 겨울날의 기억 한 조각

그들의 사랑 방식

천년의 학, 승학산에서 날다

가을 연가

개비리를 걷다

가야본성과 비화가야의 부활

철새는 날아가고

시간의 흐름을 계절로 실감한다. 한겨울 찬바람이 몰아치던 천변 언덕에 군락을 이룬 노란 애기똥풀꽃이 천진난만하게 하늘거린다. 물가의 버드나무 미루나무에도 봄색이 짙어 가는데 눈앞에는 부산스러웠던 겨울철새들이 또렷하게 떠오른다.

날마다 오후가 되면 들판을 걸어서 천변으로 갔다. 물길 따라 난 둑방길을 산책하면서 철따라 변하는 풍경을 눈에 담는 게 일상이었다. 강폭만큼 큰 하천에는 사방댐 위쪽은 호수처럼 수량이 풍부하고 아래쪽은 물억새와 잡풀이 물줄기보다 넓게 차지한 곳이 많다. 수초로 덮인 작은 자갈섬과 물웅덩이까지 품고 있어서 흰빰검둥오리 왜가리 쇠백로가 텃새로 살고 있고 가을이 되면 번식지에서 가족 수를 늘인 겨울철새들이 찾아온다. 대부분 오리종류다.

가을걷이가 끝난 들판에 서늘한 바람이 불기 시작하면 호수 같은 하천에 겨울철새가 보인다. 그럴 때마다 철새를 자세히 보려고 새로 마련한 40배 줌렌즈 디카로 염알이꾼처럼 들여다본다. 제일 먼저 온 것은 떼를 이룬 쇠오리와 드문드문 흩어진 논병아리였다.

쇠오리는 다른 오리에 비해 몸집이 작다. 수컷은 밤색 머리에 녹색 굵은 눈썹선을 가졌는데 확연하게 구분되는 두 색깔이 곡선으로 이어진 조화가 예술작품이다. 거기다 자기들 가문의 표식인지 암수 모두 익경이 청록빛이고 아래꼬리덮깃은 세모로 된 열은 노랑색이다. 암수구별이 어려운 논병아리는 쇠오리보다 훨씬 작은데 시도 때도 없이 물속을 들락거린다. 이쪽으로 들어가서 저쪽으로 나오는 잠수꾼이다.

얼마 지나지 않아 수십 마리씩 무리지은 청둥오리가 왔다. 샛노란 부리를 가진 수컷들이 햇살에 비단처럼 반짝거리는 청록빛 머리를 도도하게 들고 윤기가 도는 밤색 가슴 위에 가느다란 하얀 목도리로 한껏 멋을 부려서 암컷을 거느리고 무리지어 다닌다. 하얀 꽁지깃을 가진 청둥오리 수컷은 마치 유라시아 대륙에서 말쑥하게 연미복을 차려입고 내려온 외교사절

단 같다.

암컷은 대부분 무덤덤한 갈빛이고 수컷이 화려한데 알락오리는 암수 모두 잿빛이다. 수컷 익경이 하얀색인 것 말고는 평범해서 둘 다 눈길을 끌지 못한다. 암컷과 수컷이 까만 오동통한 물닭은 흔들인형처럼 고개를 끄떡거리면서 소금자루같이 두루뭉술한 몸매로 뒤뚱뒤뚱 헤엄친다. 둘 다 이마에 대머리를 연상시키는 타원형 하얀 액판이 허여스름한 부리까지 연결된 게 특이한 포인트다.

어느 날 멀리 외진 곳에서 낯선 새가 보였다. 가까이서 보려고 논둑을 살금살금 걸어서 천변 기슭으로 다가갔다. 바짝 마른 들풀이 발아래 스치면서 사그락거렸다. 예민한 새들이 그 소리를 들었는지 내가 다가가기도 전에 물살을 일으키며 반대편으로 달아났다. 금을 그어놓지 않았지만 가까이 다가갈 수 없는 새와 사람 사이에 선이 있다. 새들이 사는 세상과 인간이 사는 세상의 거리다. 새뿐만 아니라 사람과 사람 사이에도 넘지 말아야 하는 선이 있다.

인간의 침범을 허락하지 않는 그들만의 세상 밖에서 섰다. 모델을 해도 손색없을 늘씬한 새는 비오리 수컷이었다. 수컷은 암녹색 머리에다 등깃만 검고 가슴과 몸통이 눈처럼 하얘서 멀리서도 귀공자처럼 눈에 띈다. 암컷은 몸통이 연회색인데 에부수수한 적갈색 머리는 천박해 보여서 수컷보다 겉모습이 뒤처진다. 둘 다 부리 끝이 날카롭게 꼬부라진 것만 봐도 성깔이 보통 아니지 싶다. 멋을 아는 건지 바람기인지 암컷도 수컷도 부리에다 빨간 립스틱을 간드러지게 발랐다.

물위에서 표표히 떠 있는 철새는 하천에 핀 겨울꽃이다. 우주의 다채로운 빛을 빌려다가 온몸으로 뽑아 올린 형형색색이 깃털에 숨어들어 물 위에 꽃을 피웠다. 물 아래로 번져서 데칼코마니로 다시 피어나는 꽃. 연꽃처럼 앉아있는 부동의 시간들이 새들에게는 물속에 부초처럼 뿌리를 내려서 살아야 하는 제 삶의 궤적을 비추어 보는 묵상일지도 모른다. 해마다 이곳에서 반복되는 통과의례 같은 풍경을 보려고 아무리 추워도 집을 나선다.

천변에 도착해서 그들을 보면 각양각색이다. 대부분은 떼를 이루어 물 위에서 유유자적하거나 마른수초 더미에서 낮잠을 즐긴다. 그런 와중에도 금슬이 좋은 부부는 바짝 붙어 다니면서 정분을 쌓는다. 까칠한 비오리는 남과 어울리지 못해서 지들끼리만 놀고 청둥오리 흰뺨검둥오리 쇠오리 물닭은 다른 무리들과 개의치 않고 어울리는 무던한 품성을 지녔다. 가끔 청둥오리와 비오리 수컷만 서열싸움인지 암컷을 차지하려는 욕심 때문인지 부리에 거품을 물고 쫓고 쫓기면서 소용돌이를 일으키며 소란을 피운다. 멀리서 보면 평화롭기 그지없는데 실상은 인간세상과 다를 바 없지 싶다.

겨울이 깊어 작은 개울이 얼면 근처 흩어져 있던 텃새와 철새들이 큰 하천으로 몰려든다. 텃새인 흰뺨검둥오리 쇠백로 왜가리 민물가마우지는 평소에도 들락날락대는데 노랑부리저어새 가족 여덟 마리와 대백로 대여섯 마리에다 붉은부리갈매기와 덩치가 큰 한국재갈매기가 나타나고 주먹만큼 작은 백할미새 여남은 마리도 합류를 했다. 흰뺨검둥오리는 텃새와 철새가 보태져서 제일 큰 무리를 이루었다.

처음에는 철새들이 한곳에 머물면서 주변을 탐색한다. 적응이 되면 활동범위를 넓히면서 장소를 자주 옮긴다. 청둥오리가 터를 지키며 놀던 자리에 며칠 지나면 비오리 떼가 판을 치고 쇠오리와 알락오리도 있다가도 없어지고 없어졌다가도 다시 나타난다. 물가를 헤집던 노랑부리저어새도 며칠마다 자리를 옮기더니 끝내 보이지 않았다. 그렇게 다른 곳으로 날아가기도 하고 다른 곳의 새들이 찾아오기도 하는 플랫폼 같은 하천에는 포식자도 없고 적자생존의 법칙이 적용되지 않는 안전한 곳이라 오고 가는 것도 쉽게 이루어진다.

그들은 뒤섞여서 지내다가 노천에서 함께 밤을 보낸다. 혹독한 추위를 피해서 내려왔지만 이곳도 겨울밤이 녹록하지는 않다. 찬 서리조차 피할 처마도 없이 물가 풀숲대궁이 으스러진 초지나 물위와 얼음장위에서 옹기종기 모여 별빛을 온기삼아 혹한기를 견딘다. 물억새가 밤낮으로 서걱거리는 물가에 달구비가 쏟아지고 심술궂은 눈발이 휘몰아쳐도 등깃에 부리를 묻고 몸을 낮추어 때를 기다린다. 어머니 자궁 같은 곳으로 돌아가 제 새끼를 품어 키워야할 일이 남았기 때문이다.

올 때와 갈 때를 정확히 아는 철새들의 고향은 어느 쪽일까. 새끼를 낳아 키운 번식지일까 한해를 갈무리 하면서 휴식기를 보내는 이곳일까. 고향도 아니고 타향도 아닌 곳을 번갈아 살아야하는 필생의 운명을 거스르지 않고 순명하는 저 새들의 순종이 타향에서 이방인으로 사는 내게 많은 생각에 잠기게 한다.

매화꽃망울이 터지고 봄내음이 아른거리면 겨울철새들이 돌아가기 시작한다. 냉이꽃이 핀 들판에 낡은 햇살이 저문 하늘가로 큰기러기 떼와 황오리 무리도 북쪽으로 멀어졌다. 그들을 따라서 통통한 감자처럼 궁둥이를 살찌운 철새들이 벚꽃잎이 하얗게 떨어진 후 거의 날아갔다. 올해는 텃새로 살던 흰빰검둥오리조차 따라갔는지 찾기 힘들고 그나마 늦게까지 두어 쌍 남아있던 쇠오리도 아카시아 향기가 진동할 때는 보이지 않았다.

둑길에 서서 하천을 바라본다. 겨울 철새가 떠난 천변에는 뭇 풀이 우거지고 이팝나무 꽃 이파리가 싸라기눈처럼 흩날린다. 무르익은 봄빛만 바람에 흔들릴 뿐 물길이 텅 비었다. 햇살에 어른거리는 물비늘 속에 꽃잎처럼 떠 있던 철새들이 생생하게 떠올랐다 사라진다.

그들은 다시 돌아오기 위해 떠나갔다.

그 겨울날의 기억 한 조각

밤사이 부슬비가 내렸다. 연방이라도 비가 쏟아질 듯이 비안개와 잿빛구름이 낀 날씨 때문에 어둠이 가시지 않는 새벽처럼 흐릿하다. 한겨울이라 그런지 회색빛이 감도는 바깥풍경이 을씨년스럽다.

창문을 열고 하늘을 봤다. 바람 한줄기 불지 않는 무채색 하늘에 뭔지 모를 쓸쓸함이 묻었다. 마음도 괜히 울적해져서 창문을 닫으려는데 앞 동 옥상 엘리베이트 지붕모서리에 시커먼 물체가 얼핏 보였다.

찬찬히 살펴보니 자우룩한 안개 속에 새 한마리가 처연하게 앉아있다. 평소 우리 아파트를 넘나드는 까치나 비둘기보다 훨씬 크다. 낯선 새가 궁금해서 급히 카메라를 가지고 왔다.

창문을 반쯤 열어놓고 창틀에 기대어 섰다. 왼쪽으로 두개 층 위에 있는 새 뒷모습을 줌렌즈로 찍었다. 날이 추워서 그런지 깃털이 한껏 부풀었다. 그런 뒷모습만 가지고 어떤 새인지 가늠하기 어려워서 얼굴을 보여줄 때까지 무작정 기다렸다. 솟대처럼 꼿꼿하게 앞만 보던 새가 무료한지 천천히 좌우를 살폈다. 그때 얼른 옆얼굴을 찍어서 사진을 살펴봤다.

어깨가 떡 벌어진 진회색 새다. 검은 빰선이 넓으면서 턱밑과 목덜미 가슴은 하얗고 눈가장자리에 노란테두리가 있고 왕방울만한 까만 눈은 얼굴을 다 차지할 정도로 크다. 앞이마가 끝나고 부리가 시작되는 노란 납막에는 까만 점으로 보이는 콧구멍까지 선명하다. 크고 뭉툭한 북청색 부리는 끝으로 갈수록 짙어지면서 날카로운 갈고리모양이다. 맹금류가 확실하다.

이름을 알기 위해서 검색했다. 색깔이나 모습으로는 부엉이나 독수리가 아닌 것 같아서 매 종류로 찾기 시작했다. 내가 찍은 사진과 포털사이트의 이미지를 비교해 보니 송골매가 확실하다. 더 알고 싶어서 송골매로 검색하니 밴드 송골매가 대부분이다. 거기다 한국산 최초 무인정찰기인 송골매까지 나온다.

한국어 사전에는 맷과에 속한 새라면서 《세종실록》에서 송골(松骨)의 형태로 처음 나타났으며 정식 명칭은 매라고 한다. 매보다는 사시사철 변함없는 소나무 같은 기품과 기골을 가진 송골매라는 이름에 진한 솔향이 베여있는 듯해서 정감이 간다.

송골매는 우리나라 텃새다. 멸종위기 야생동물이고 천연기념물로 지정되었다. 이렇게 귀한 새가 어쩌다가 자신의 영역을 두고 아파트 건물만 즐비한 인간이 사는 마을로 내려왔을까. 우리 아파트는 원래 나지막한 야산이었다. 수풀에 뒤덮인 이곳을 사람들이 살겠다며 밀고 들어왔을 때 송골매가 삶의 터전을 잃어버렸는지 모를 일이다. 무슨 생각에 골똘히 잠겼는지 그 자리에서 꼼짝을 않는다. 미친 듯이 불어대는 바람길이 잠잠하고 끄무레한 하늘이 낮게 내려앉은 어둑한 틈을 타서 온 모양이다. 온천지 사물이 으스름한 속으로 제 몸을 숨길 때 홀연히 나타난 송골매. 한 치 흔들림 없이 면벽하는 구도자처럼 상념에 잠긴 뒷모습에는 고독한 야생의 외로움이 담겼다.

뼈마디가 시린 겨울 한가운데서 혼자만이 보내는 고독의 근원이 무엇일까. 아무리 사나운 날짐승이라 해도 외롭고 서러울 때가 있을 테고 울고 싶었을 역경이 있었을 것이다. 마음속에 소용돌이치는 그런 일로부터 스스로 무심해지려고 잠시 야생을 떠나 이곳으로 왔나보다. 연유가 어찌되었던 야생의 본능을 역행하는 이 순간이 송골매 삶에서 지나온 길은 지우고 새롭게 일어서는 터닝 포인트가 되었으면 좋겠다. 지나고 보면 모든 것이 다 부질없으니까.

점심때가 한참 지난 오후가 되어도 그 자리에 그대로다. 여전히 태양의 존재는 먹구름 속에 감추어져 날이 우중충하다. 아침부터 물 한 모금 입에 대지 않고 한자리에서 망부석처럼 앉아있는 품성이 자기 배를 채우기 위해 제 잇속만 좇아가는 천박한 부류와는 확연히 다르다. 잠시도 가만있지 못하고 촐싹대며 떼거리로 몰려다니는 붉은머리오목눈이나 참새들이 도저히 따라갈 수 없는 고매한 품격이다. 비굴하게 뒷담화로 분탕질하며 남의 흠잡기에 바쁜 인간들보다 혼자서 감내하며 속으로 삭히는 저 인내의 시간이 얼마나 찬란한가.

잠깐잠깐 창가로 와서 잘 있는지 확인을 했다. 가끔 열두 개쯤 되는 줄무늬꽁지깃을 부채처럼 활짝 펼치기도 하고 양쪽 날개를 하나씩 펴서 기지개를 켜면서 노란 발로 몸통을 긁기도 한다. 이런 기회가 또 없을 것 같아서 뒷모습을 향해 연속으로 샷터를 눌렀다. 자동으로 촛점이 맞추어지는 '찌리릿' 하는 소리가 60m 정도 떨어진 옥상에서도 들리는지 갑자기 얼굴을 오른쪽으로 돌렸다. 줌으로 당겨놓은 카메라 화면 속에서 송골매 오른쪽 눈과 내 눈이 마주쳤다. 나도 모르게 움찔했다.

나를 알아봤을까 싶어 숨을 죽였다. 사람보다 시력이 8배나 좋다는데 자라목처럼 길어졌다 짧아지는 줌렌즈를 살아있는 생물체로 여겨서 낚아채러 올까봐 여차하면 창문을 닫을 태세로 몸을 움츠려 송골매를 주시했다. 서로 들키지 않으려는 적대관계처럼 무언의 대치를 했다. 자연의 소리에 길들여진 송골매가 낯선 기계음이 괴기해서 긴장했는지 급작스레 고개를 홱 돌려 뒤돌아보았다. 엑소시스터에서 악령이 부활할 때처럼 목이 거의 180도로 돌아가서 정면으로 나를 바라봤다. 커다란 눈망울이 날카롭게 번뜩였다. 야성이 살아있는 눈빛이다. 소리의 근원이 아무래도 미심쩍은지 천천히 얼굴을 앞으로 돌리면서도 눈길은 여전히 내게 머물렀다. 곁눈질로 내 동태를 살피는 중인가보다. 혼자 있는 시간을 방해했나 싶어 미안한 마음이 들었다. 더 이상 사진을 찍지 않고 살그머니 창문을 닫았다. 몇 번 두리번거리더니 별거 아니라고 생각했는지 그대로 평온하게 앉아있다. 그런 송골매를 한참 눈여겨보다가 잠시 자리를 비웠다.

다시 창가로 왔을 때 송골매가 사라졌다. 왔던 곳도 가는 곳도 모르게 하려고 내가 없는 틈을 기다렸다가 날아가 버렸나보다. 차라리 함박눈이라도 펑펑 쏟아졌으면 눈 때문에 급히 떠났을 거라 여겨 덜 서운했을 텐데. 바람처럼 잠시간 스친 인연이지만 마지못해 정인을 떠나보낸 것처럼 허수한 심정으로 창가를 서성였다. 자기만의 시간을 보내고 싶었던 송골매 삶의 방식에 철없이 끼어든 나를 웅숭깊은 마음으로 용서해주었으면.

송골매는 그렇게 내 눈길을 피해서 날이 저물기 전에 제자리로 돌아갔다. 먹빛 구름을 뚫고 무량무변한 하늘을 날아서.

그들의 사랑 방식

세상에 영원한 것은 없다. 눈에 보이든 보이지 않든지 간에 존재하는 모든 것, 풀 나무 바람 구름 하늘도 시시각각 변한다. 하물며 제 욕심만 쫓아가는 변덕스러운 마음이야 오죽할까. 자신의 필요충분조건에 따라서 쉽게 변절하는 건 사람뿐만 아니다. 그건 경쟁을 부추기는 자연의 섭리가 비정한 탓이지 싶다.

꽃샘바람이 돋아나던 지난해 3월 중순을 지나서였다. 겨울 철새들이 떠나가는 천변을 찾을 때마다 눈길은 늘 물가로 향했다. 곧 떠나게 될 알락오리 · 청둥오리 · 쇠오리 무리가 천진난만하게 노는 모습을 잊지 않으려고 오래도록 바라보며 가슴에 담는다. 그들의 유영을 눈길로 따라가는데 물길 옆 작은 웅덩이 가장자리 흙더미에 서 있는 낯선 새가 눈에 들어왔다.

무도회 주인공처럼 화려하게 치장한 차림새가 우중충한 철새와 대비되어 군계일학처럼 눈에 띄었다. 선홍빛 부리에다 쌀가루를 뿌려놓은 듯 하얗게 분칠한 얼굴과 머리에 암녹색 깃털을 가르마처럼 중앙으로 넘겼는데 정수리부터는 윤기가 좔좔 흐르는 밤색이다가 목덜미부터 다시 검은 녹색으로 변했다. 햇살에 반짝거리는 적갈색 수염깃은 수탉 것과 닮았지만 훨씬 멋들어진다. 진보랏빛 뽀송뽀송한 윗가슴털과 어깨 위에 세일러복 느낌 나는 흰줄무늬 두개가 세련미를 더했고 등에 펼쳐진 망토 같은 검은 깃 끝부분도 하얀색으로 마무리해서 한껏 멋을 부렸다. 꼬리깃에도 흰색 북청색으로 일곱 줄무늬 장식을 하고 그 위에는 은행잎 닮은 주황빛 날개깃이 하늘을 향해 봉긋하게 치솟아 새의 품격을 더했다.

겨울철새가 떠나가서 서운했는데 원앙이 찾아왔다. 원앙 수컷이 수려한 번식깃을 뽐내며 암컷과 함께 천변에 나타났다. 암컷은 잿빛 몸에 눈가를 따라 동그랗게 그은 굵고 선명한 흰 줄이 눈꼬리로 이어지고 꼬리깃 일곱 줄무늬만 수컷과 닮았다. 이처럼 단아한 암컷 옆에서 수컷은 호위무사가 되어 그 옆을 지키며 섰다.

그 후로 천변에 갈 때마다 이들을 지켜봤다. 웅덩이 속에서 헤엄칠 때나 천 위쪽에서 빠른 물길을 타고 내려올 때와 잠시 쉬기 위해서 뭍으로 올라갈 때도 항상 암컷이 앞장을 서고 수컷은 그림자처럼 조용조용 뒤따라 다녔다. 잠시도 옆 눈 팔지 않고 제 짝만 챙겼다.

원앙은 겨울철새가 다 떠나간 후에도 물길과 웅덩이를 오가며 다정하게 지냈다. 화창한 햇살 아래 향긋한 봄향기가 바람결에 넘실거릴 때 금침처럼 펼쳐진 연둣빛 수풀 사이를 항상 붙어 다니면서 정분을 쌓았다. 그렇게 달콤한 신혼을 보내던 원앙부부가 5월이 들어서자마자 어디론가 사라졌다. 그들이 사라진 뒤 딱히 꼬집어 말할 수 없는 허전함이 밀려와서 넓은 들녘이 있는 천변 쪽으로 산책 자리를 옮겼다.

넓은 들판에는 모심기가 시작되었다. 물이 찬 논에는 트랙터가 부산하게 움직이고 그 곁으로 백로와 황로가 떼로 몰려들어 먹이를 찾는다. 무논을 헤집던 알락도요 청다리도요 삑삑도요의 청아한 소리도 나른한 봄날로 스며들었다. 이들과 멀리 떨어진 한적한 논둑에서는 원앙 한 쌍이 나타났다. 부지런히 먹이를 찾는 암컷을 따라 수컷이 애처가를 자처하며 졸졸 따라다녔다. 서쪽 하늘가에 노을빛이 물들어 어둑해질 때까지 물이 차 있는 논바닥을 헤매던 이들도 며칠이 지난 후 떠나버렸다. 보이지 않으니 눈에 밟혔다.

5월 말이 되니 햇살이 따가워졌다. 집 근처 대학교로 산책코스를 또 바꾸었다. 여기도 백조와 거위가 살고 흰빰검둥오리들이 들락거리는 큰 연못이 있다. 해거름 무렵에 연못가에서 쉬고 있는데 오리가 갓 태어난 듯한 새끼 여덟 마리를 데리고 연잎 사이에서 나타났다. 흰빰검둥오리 새끼와 흡사해서 첫눈에 어미를 알아보지 못했는데 원앙이었다. 한낮에는 연못 속 가장자리 돌 틈에 숨어 있다가 산그늘이 지고 나무그림자가 물 위에 어른거릴 때 새끼를 데리고 나왔다. 터줏대감인 백조와 거위의 심기를 건드리지 않으려고 수련과 연잎 사이를 조심스레 오가면서 새끼를 보살폈다. 새끼들이 어미에게서 멀어지면 나지막한 목소리로 소곤거리듯이 나긋나긋하게 불렀다. 이 품위 있는 행동이 자식들에게 왈짜처럼 밀어붙이는 데퉁맞은 여편네보다 백배 나아 보였다.

천연기념물인 원앙은 항상 붙어 다녀서 금슬이 좋다고 말한다. 그런 행동을 보고 신성한 동물이라 여겨 사람들이 함부로 잡지도 않았다. 예전에는 원앙을 곱게 수놓은 이불과 베개가 필수 혼수품이었다. 금슬 좋은 원앙처럼 백년해로 하고픈 염원을 이부자리에 담았다. 사람들의 이런 생각과 달리 원앙은 번식기만 금슬이 좋을 뿐 번식이 끝나면 각자 남남이 되어 떠나버린다.

조류의 90%는 한번 짝을 맺으면 평생을 함께 한다. 새끼를 키울 때는 공동육아를 하고 자기 짝이 죽으면 남은여생을 수절한다. 이들과 다르게 원앙 수컷은 화려한 번식깃을 가진 죄로 새끼들이 포식자에게 들킬까봐 암컷 옆에서 라떼파파 노릇도 못하는 형벌을 받고 있는 것인지 모른다. 일부다처제인 원앙이지만 배우자 선택권은 암컷에게 있다는 사실은 반전이다.

수컷 원앙은 번식기에만 번드르르한 가면을 쓴다. 자식이란 생에 제일 큰 과업인데 겉멋만 부린 수컷에게 반해서 눈 맞을 만큼 원앙 암컷이 미련하지 않을 것이다. 제 새끼 위해서 예리한 눈으로 외모보다 건강과 품성을 보고 이해득실을 따져서 수컷을 간택하는 영리한 새이지 싶다. 짝으로 정해진 수컷은 자신의 대를 잇게 해준 암컷이 고마워서 비굴할 정도로 굽신거리며 비위를 맞춘다. 그래놓고 자신의 목적을 달성하면 다른 암컷을 찾아가서 기웃거리며 사랑을 구걸한다. 이런 원앙 수컷을 두고 사람들은 바람둥이라고 수군거린다. 조신하게 독박육아를 하던 암컷도 이렇게 무책임한 수컷에게 화끈하게 복수하려고 해마다 짝을 바꾸는 건지도 모를 일이다.

결국 노래가사처럼 '이 생명 다하는 날까지 그대를 사랑 하겠다'는 말을 수컷도 암컷도 서로에게 하지 않았던 게 분명하다. 한평생 서로의 짝으로 살지 않고 오로지 번식기에만 염색체 X와 Y로 만나는 원앙. 그들에게도 애틋한 정이나 뜨거운 사랑이 있기나 했을까.

올해는 때 이른 벚꽃이 피었다. 벚꽃잎이 포슬눈처럼 흩날리는 3월 말에 지난해 보았던 원앙이 또 왔나싶어서 웅덩이가 있는 천변에 갔다. 윤회의 굴레처럼 둥근 천변 연못가에 거짓말처럼 원앙부부가 와 있었다. 작년에 같이 왔던 중후한 신사가 아니라 풋풋한 새내기 같이 새파랗게 젊은 수컷을 새로운 인연으로 태점(苔點) 찍어서 암컷이 데리고 왔다. 모든 생명체가 생존의 극점을 찾아서 생태적인 본능대로 살아가듯이 그들의 사랑방식도 종족 보존이라는 효율성만 따진 듯하다.

그들은 다른 새들이 보거나 말거나 신경 쓰지 않았다. 농익은 봄 햇살이 눈부신 천변에서 날마다 원앙금침을 펼쳐놓고 능청스럽게 한 철짜리 아찔한 신혼을 보내고 있다.

천년의 학, 승학산에서 날다

세상에 길은 여러 갈래다. 어느 길로 가던지 간에 길을 나서면 자신만의 이야기가 있는 세상을 만날 수 있다.

오늘따라 가을 햇살이 유난히 맑다. 햇살이 눈부신 창밖을 보니 멀리서 억새꽃이 하얗게 핀 승학산이 희미하게 보인다. 지금쯤 승학산에는 억새물결로 가을 운치를 더하고 있을 게다. 억새꽃이 보내는 유혹을 떨쳐버릴 수 없어 얼른 배낭을 챙겼다.

동아대 쪽에서 산행을 시작했다. 낯선 길에서는 이정표만큼 반가운 게 없다. 안내도를 찬찬히 들여다보며 올라갈 코스를 정했다. 처음 맞닥트린 나무둥치 계단이 길고 가팔라서 까마득하다. 오르는 동안 잠시 숨을 고르며 뒤돌아보았다. 곧 겨울철새가 몰려들 을숙도가 조금씩 모습을 드러낸다. 북쪽으로는 낙동강을 가로지르는 남해고속도로와 김해평야와 가락국 시조 김수로왕 전설이 내려오는 구지봉을 품은 신어산이 확연하게 보인다. 뒤돌아보지 않았다면 놓쳤을 풍경이다.

계단을 다 올라 오솔길로 접어들었다. 눈앞에 감천항이 그림처럼 펼쳐졌다. 날씨가 맑았다면 대마도까지 보였을지도 모른다. 저녁노을이 유명한 다대포로 이어지는 큰 도로가 바다를 향해 달려가는 힘찬 용처럼 살아서 꿈틀거린다. 낙동강 하구 삼각주에는 바다를 향해 칠백 리 길을 밤낮으로 달려온 강물과 바닷물이 첫 대면을 하는 장소다. 그곳에는 모래톱으로 이루어진 육계도가 다대포에서 가덕도까지 희미한 달빛 아래 담장을 넘는 가야금 소리처럼 끊어질 듯 이어진다.

승학산 봉우리에 거의 다다랐을 무렵 보랏빛 용담꽃이 발길을 잡는다. 가을 햇살에 별처럼 반짝이는 용담꽃. 간밤에 길을 찾지 못해 하늘에서 떨어진 별이 아닐까 싶다. 야생화를 디카에 담고 무심결에 하늘을 바라보다가 깜짝 놀랐다.

승학산 위에서 커다란 학 한 마리가 날고 있다. 뾰족한 긴 부리와 머리 위에 쭈볏쭈볏 난 가지런한 깃털과 동그란 눈동자와 기다란 목과 날개까지 선명한 학이 힘찬 날갯짓으로 남쪽을 향해 가고 있다. 무슨 일이 있기에 저리 급하게 날아가는 걸까. 혹시 천년을 기다려온 사랑이라도 이루어진 것일까. 학의 비상을 보며 한동안 그 자리에 서서 꼼짝하지 못했다. 그리고 혼자서 중얼거렸다. '종이학을 천 개 접으면 소원이 이루어진다는데 저건 틀림없이 소원을 이룬 천년의 학일 거야.'

학을 그대로 빼닮은 예사롭지 않는 구름이다. 승학산은 고려 말에 무학대사가 산세가 준엄하고 기세가 높아 마치 한 마리 학이 나는듯하다 하여 붙여진 이름이다. 승학산 표지석에도 鶴鳴于天 聲開四海(학명우천 성개사해 : 학이 하늘에서 우니 온 세상에 다 퍼진다)가 적혀있다. 이것만 보더라도 승학산은 학이 사는 곳이 분명하다. 하늘을 날아가는 저 학도 천년 동안 승학산 어딘가에 숨어서 제 꿈을 키웠나 보다. 자신의 소원이 이루어지기를 기다리면서.

얼마 지나지 않아 힘찬 날갯짓하던 학이 하늘 끝 가까이 다가갔는지 모습이 희미해졌다. 승학산에서 학의 승천을 보게 되다니. 주위를 둘러보니 하늘로 날아간 학에 대해 모르는지 기척이 없다. 비밀스러운 자신의 모습을 아무에게나 보여주지 않았나보다.

학이 사라진 하늘에서 눈을 떼지 못하다가 억새평원으로 발길을 돌렸다. 햇살의 방향에 따라 빛과 그림자의 모습이 달라지듯이 억새는 역광으로 보일 때 하얗게 반짝인다. 산 능선을 따라 무리지은 억새는 하늘을 향해 가장 순결한 모습으로 서 있다. 자신의 소원을 이루고 하늘로 날아간 학도 천 년 동안 저렇게 서서 간절하게 소원을 빌었겠지. 억새 길을 걷은 동안 머릿속에는 온통 하늘로 날아간 학 생각뿐이다.

산등성이와 골짜기로 끝없이 이어진 억새밭에 선들바람이 분다. 바람에 나풀나풀 억새꽃이 춤을 춘다. 흔들리는 억새꽃 무리 속에 학이 숨어 있을 것만 같아서 두리번거렸다. 일렁거리는 하얀 억새꽃이 이제 막 알에서 깨어난 어린 학의 깃털을 닮았다. 산골짜기를 넘어온 가을바람에 제 몸을 이기지 못한 억새들이 일제히 일어서서 억새꽃을 흔든다. 서걱대는 은빛 물결에서 학의 날갯짓 소리가 들린다. 승학산 억새꽃은 천 년 뒤 비상을 꿈꾸는 학의 무리였다.

억새 평원에 하얀 바람이 분다. 가을 햇살에 반짝이는 끝없이 펼쳐진 억새 풍경을 바라보면서 천 년이라는 인고의 세월을 견뎌야 하는 억새와 소원을 이루고 하늘로 날아간 천년의 학을 생각했다. 학이 되어 날아간 승학산 억새꽃의 천기가 누설될까봐 아무에게도 발설하지 않고 가슴 속에 품었다.

하늘은 이제 석양을 준비한다. 하늘로 날아간 천년의 학은 어디쯤 가고 있을까. 집으로 돌아오던 내내 하늘을 올려다보았다.

2007년 10월 21일 일요일 승학산에서

가을 연가

보름 가까이 가을비가 오락가락거린다. 추적거리는 비를 바라보니 가슴 속에 묻어두었던 그날의 추억도 비가 되어 내린다.

2012년 10월 초순이 지나서였다. 오색찬란한 가을을 보기위해 작정하고 강원도로 떠났다. 함백산 만항재를 거쳐 태백으로 간 이유는 야생화가 지천이라는 분주령을 걸어보고 싶어서다.

두문동재를 시작점으로 분주령을 지나 검룡소로 내려오려면 원점회귀가 어렵다. 승용차는 숙소에 두고 아침 일찍 버스를 타고 태백역으로 갔다. 그곳에서 택시를 타고 두문동재로 향했다.

백두대간에 속한 두문동재는 고한과 태백을 이어놓은 옛길이다. 우리는 고한 쪽을 거쳐서 몇 구비를 돌아 두문동재에 내렸다. 탐방객지원센터에서 입산예약을 확인하고 산행을 허락했다.

산행안내도에는 두문동재에서 분주령을 거쳐 검룡소 주차장으로 가는 길을 기본 코스라고 되었다. 여길 언제 또 오겠나 싶어서 대덕산을 거쳐 검룡소로 내려가기로 했다. 거의 10km나 되는 거리다.

이슬이 맺힌 풀숲을 따라 금대봉으로 향했다. 좁다란 길옆에는 참나무와 단풍나무에 제법 가을빛이 들었고 연분홍빛 보랏빛 구절초와 연보라빛 고려엉겅퀴와 흰나비 닮은 하얀 어수리꽃이 보였다. 분주령에도 야생화가 가득할 거라는 기대가 부풀었다.

금대봉 정상은 작고 소박했다. 하지만 낙동강 발원샘인 너덜샘(은대샘)과 남한강의 발원지 검룡소를 품고 있는 창대한 산이다. 완만하게 올랐지만 내려가는 길은 경사가 심했다. 물고랑처럼 파인 오솔길에다 낙엽이 발목까지 푹푹 잠기는 통에 미끄러워서 발을 내딛기가 여간 까다롭지 않다. 탐방지원센터에서 금대봉 내려올 때 특히 조심하라는 말이 생각났다. 스틱도 당치않아서 나뭇가지를 잡으며 근근이 앞만 보고 내려와서 뒤돌아보니 금대봉 정상이 까마득하게 멀어졌다.

작은 평원을 지나면서 주변을 둘러봤다. 산과 산이 겹쳐진 탁 트인 풍경 속에 우리가 작은 점처럼 서 있다. 아침에 쾌청하던 하늘에 서서히 솜털구름이 몰려든다. 산이 높아서 그런지 날씨가 변화무쌍하다.

임도를 걷다가 울긋불긋한 단풍이 떨어진 비탈진 길을 걸어서 고목나무샘에 도착했다. 한강 발원 샘인 고목나무샘에는 큰 참나무둥치 아래 작은 구멍에서 참새 눈물만한 물줄기가 흘러나왔다. 한강의 시원은 땅 속을 수없이 뻗어나간 나무뿌리에서 시작 되었고 이 작은 물방울이 모여 514km나 되는 한강이 탄생했다.

고목나무샘에서 단풍나무 길을 지나니 하늘로 쭉쭉 뻗은 전나무 숲이 나왔다. 바스락거리는 낙엽 밟는 소리만 숲의 적막을 깨운다. 인기척 하나 없는 숲속을 걸어갈수록 산이 점점 깊어졌다. 원시림이 가득 찬 첩첩산중에서 태고의 시간을 온전히 즐긴다는 게 가슴 벅찼다.

한 생이 저물어가는 가슬가슬한 낙엽 냄새가 비올라 연주곡처럼 가슴을 파고든다. 길 위에 덧 쌓여진 낙엽의 반란이 사람들 발자취를 감쪽같이 지워버렸다. 덕분에 첫 마음처럼 순수한 시간들이 눈앞에 펼쳐졌다. 누구에게도 방해받지 않는 완벽한 시공간에 고립되었다. 깊은 숲 속에서 세상과 동떨어진 낯선 길을 걷는다는 건 거미줄처럼 얽히고설킨 미로 속을 헤치며 삶의 목적을 찾아가는 과정과 같을 것이다. 여러 갈래로 펼쳐진 인생길에서 수많은 시행착오를 거치면서 더듬어 찾아왔던 길이 순탄하지 않았던 것처럼. 어찌 보면 숨이 막히도록 다가오는 숲의 적막이 삶의 무게인지도 모른다. 이따금 바람이 어슬렁거리는 숲길에 서서 이런저런 생각과 더불어 가슴 속에 요동치는 오감으로 느끼는 가을 정취에 한없이 빠져들었다.

분주령으로 가는 벌밭등에도 길이 보이지 않을 정도로 낙엽이 쌓였다. 한 여름에 꽃을 피운 일월비비추 무리가 누렇게 시들었고 장구채와 천남성은 씨방이 여물었다. 벌밭등을 걷는 동안 군락을 이룬 청보라빛 각시투구꽃이 여러 군데 보였다. 각시투구꽃은 겉은 화려하지만 뿌리는 사약을 만드는 약재로 쓰인다. 겉과 속이 다른 무서운 꽃이다.

분주령에 도착하니 상상했던 것보다 규모가 작다. 봄, 여름, 가을 동안 무수히 피고 졌던 숱한 야생화들이 자신의 흔적을 지우며 말라가는 중이다. 사람 키만큼 자란 쑥 덤불 사이로 어수리 쥐손이풀 이질풀 엉겅퀴 감국 개망초 꽃만 몇 개 남았다. 겨울이 빨리 찾아오는 강원도에서 10월에 야생화를 볼 것이라고 기대한 것이 어불성설이었다. 완전 헛다리짚었다.

아쉬움을 뒤로 하고 대덕산으로 올랐다. 야생화가 사그라진 대덕산 정상에 도착하니 벌써 잿빛구름이 낮게 드리워졌다. 잠시 한숨 돌리면서 쉬고 있는데 습한 바람이 불더니 매지구름이 산과 산이 이어진 능선을 삼키며 다가 왔다. 급기야 비구름이 안개처럼 산을 휘감더니 급작스레 비를 뿌린다. 좀 전에 보이던 광활한 풍경이 한순간에 구름 속으로 사라졌다. 조급한 마음에 걸음을 재촉했지만 어느새 뒤따라온 자욱한 비안개가 앞서간다. 굵은 빗방울이 후드득거리고 바람이 거칠어졌다. 안개구름 속에서 비목처럼 서 있는 희미한 이정표가 검룡소 방향을 알려준다. 그쪽으로 서두르며 걷다가 빗물을 머금은 비탈진 흙길에서 엉덩방아를 찧고 말았다.

미끄러진 김에 쉬어가기로 했다. 비스듬한 길옆 키 큰 참나무 아래서 신문지를 펴놓고 쪼그리고 앉아서 허기부터 해결했다. 어차피 비는 맞았고 배가 부르니 조급했던 마음이 누그러졌다. 마음에 여유가 생기니 비바람에 낭창거리는 나뭇가지와 이리저리 흔들리며 떨어지는 빗방울조차 설치예술작품처럼 보였다. 변화무쌍한 예술가의 의도에 따라 그것을 느긋하게 체험하면서 커피까지 마시는 여유도 부렸다. 하지만 빗소리에 묻어오는 낯선 소리가 들리면 멧돼지가 튀어나오는 건가 싶어서 원시인처럼 귀를 곧추세우고 사방을 두리번거리기도 했다.

빗방울이 점점 굵어져서 다시 걸었다. 숨 가쁘게 걸었더니 하얀 입김이 수증기처럼 솟았다. 아침에 그토록 푸른 하늘이 감쪽같이 배신을 했지만 쏟아지는 비를 맞아도 낭패를 당했다기보다 독특한 경험으로 여겨졌다.

전나무 숲길을 내려와서 검룡소 오름길에 다다라서야 인기척이 들렸다. 검룡소를 보러 온 사람들이다. 한나절 산행하는 동안 등산객을 한 명도 못 보았는데 그들이 친척을 만난 것처럼 반가웠다. 거기다 산행 종착지가 가까워졌다는 안도감이 들었다.

평탄한 길을 따라 검룡소로 향했다. 주변에 단풍이 곱게 물든 검룡소에는 큰 바위로 물구멍을 막아놓았다. 그런데도 석회암 동굴에서 엄청난 물이 콸콸 솟아올라 20여 미터나 되는 바위 위로 흘러내리면서 용트림을 했는지 세숫대야만한 홈을 여러 개 파놓았다. 물이 가득 찬 검룡소 안에는 크고 작은 빗방울이 모여들어 연잎모양 물결로 번지면서 서로 겹쳐지니 세상에 없는 곡선 문양이 만들어졌다. 사람의 머리로 이해하기 힘든 불가사의한 표식 같아서 한동안 그걸 쳐다보느라 시간 가는 줄 몰랐다.

검룡소 주차장에 도착하니 3시 30분이다. 이곳에는 태백으로 가는 버스가 아침저녁 두 번만 다니고 여기서 5km 넘게 걸어 나가야 버스가 드문드문 다니는 도로가 나온다. 저녁때까지 무작정 기다리기보다 이왕 비에 젖었으니 그냥 걷기로 했다.

산과 산이 마주선 골짜기 따라 심어놓은 코스모스 꽃밭에도 가을걷이가 끝난 비탈진 고랭지 밭에도 단풍물이 조금씩 번지는 전나무 숲에도 비가 몰고 온 구름이 자욱하게 깔렸다.

구름이 넘나드는 골짝 길을 1km쯤 걸었을까. 승합차 한 대가 오더니 우리 곁에 섰다. 40대 후반으로 보이는 운전하는 분이 어디로 가느냐고 물었다. 태백역으로 간다고 하니 부모님 집에서 친구들과 송어회를 먹고 여기저기 흩어져 사는 친구들을 데려다 주는 길인데 태백역 바로 앞에 사는 친구도 있으니 타라고 했다. 물이 뚝뚝 떨어질 정도로 옷이 젖어서 미안해 주저거리니 괜찮으니 얼른 타라고 재촉했다. 진심으로 베풀어주는 마음이 눈물 나도록 고마워서 염치 불고하고 탔다.

삼수령을 거쳐서 구와우를 지나 태백역에서 마지막 친구가 내렸다. 우리도 고맙다는 인사를 하고 내리려는데 그냥 앉아 있으라고 한다. 물초가 된 우리를 태백역까지 데려다 준 것만으로도 고마운데 숙소까지 데려다주겠다며 부담 갖지 말란다. 태백역까지 오면서 이런저런 이야기를 나눈 게 전부인 사이인데 저녁 어스름에 빗줄기가 내리치는 길을 달려서 10여 km나 떨어진 숙소까지 데려다 주었다. 대중교통으로 1시간 남짓한 거리를 그분 덕분에 20분이 채 걸리지 않았다. 생면부지인 사람한테서 과분한 대접을 받았다. 우리 부부를 내려주고 빗속으로 아득하게 멀어져가는 차를 바라보고 있으니 사람 사이에 정이 이런 거구나 싶어 가슴 밑바닥이 뭉클거렸다.

예고도 없이 가을비가 쏟아지던 날 태백에서 만난 건 인간의 정을 뛰어넘은 천상의 온기였다. 낯선 여행객에게 베풀어 준 그 사람의 순수한 마음 덕분에 태백 여행이 가을 연가처럼 잊지 못할 기억으로 가슴에 남았다.

야생화 향기보다 더 은은하게 퍼지는 사람 사는 냄새가 은하수처럼 흐르는 곳, 생각만 해도 가슴이 설레는 곳, 그곳이 태백이었다.

개비리를 걷다

강이 가까워지니 길이 좁아졌다. 유월의 햇살을 받으며 좁은 길을 걷다가 한 사람만 겨우 다닐 수 있는 벼랑길로 들어섰다. 인적이 드문 길 위로 강바람과 산바람이 산들거리며 지나간다.

벼랑길은 낙동강을 따라 나 있다. 수천 년 세월 동안 강물 줄기가 산기슭을 야금야금 깎아내어 낭떠러지 절벽을 만들었다. 절벽 위에는 몇 백 년 전부터 소롯길(小路)이 만들어졌다. 이 길은 물가에 있는 벼랑길이라는 뜻으로 개비리라 한다.

개비리는 남지 용산리에서 창아지까지 이어진 십리쯤 되는 길이다. 창아지, 영아지 사람들과 인근 마을사람들이 에둘러서 남지장에 가려면 멀기 때문에 벼랑 끝에 길을 만들었다. 민초들의 발걸음이 만든 삶의 자취다. 생존을 위해 만든 고통의 흔적이다. 그들은 무거운 짐을 지고 개비리를 걸을 때마다 가슴에는 더 나은 삶을 향한 희망을 품었을 것이다. 저 푸른 강물과 산처럼.

지금은 사람이 거의 오가지 않는 길이다. 한적한 개비리를 걷는 동안 세상과 단절된 원시림에 온 것 같았다. 간간이 들려오는 뻐꾸기 소리가 우거진 숲 속의 정적을 깨운다. 찔레꽃이 져버린 좁다란 길섶에는 고개 숙인 까치수염 무리가 하얗게 꽃을 피우기 시작한다. 등불같이 환한 초롱꽃은 다소곳하게 풀섶에 숨어있다. 청미래 넝쿨이 우거지고 그 사이에서 핀 인동초 꽃에서 상큼한 분내가 난다.

한 치의 틈도 없어 보이는 바위 균열에서 용케도 뿌리를 내린 기린초들이 샛노랗게 꽃을 피워 뽐낸다. 바위에 기대선 으아리는 정갈한 순백의 꽃을 피웠고 노란 애기똥풀은 저만치 물러서 있다. 부처님 형상을 닮은 기암 위에는 부처손이 군락을 이루어 처마를 만들었다. 숲 냄새를 맡으며 걷다 보니 가난을 꿋꿋하게 참아낸 사람들의 삶만큼 강한 마삭줄이 길 따라 끝없이 이어졌다.

마삭줄은 강한 생명력을 가졌다. 상록수처럼 겨울에도 푸른 잎을 떨어내지 않고 나무나 바위틈 사이로 자기 손이 닿는 곳이면 어디든지 뿌리를 내려 뻗어나간다. 깎아지른 절벽과 울창한 숲 속의 나뭇가지와 벼랑 끝 고목을 타고 올라간 마삭줄에서 하얀 꽃이 무더기로 피었다. 둥그렇게 말려있는 다섯 개의 꽃잎이 바람개비를 닮았다.

바람이 불 때마다 바람개비가 돌아가듯 흔들리는 마삭줄 꽃에서 진한 향기가 흩어졌다. 산굽이를 돌 때마다 향기가 길 위에 가득하다. 숲 향기처럼 소박한 마삭줄 꽃향기. 이 향기는 등짐을 지고 개비리를 수없이 오갔을 사람들이 흘린 땀 냄새일지도 모른다. 가던 걸음을 멈추고 가슴 깊이 꽃향기를 들이마셨다. 가슴 속에서 아버지 냄새가 났다.

창아지 마을 앞에는 낙동강이 흐른다. 나는 다섯 살에서 여섯 살까지 아홉 달 동안 창아지에서 살았다. 우리집 언저리에서 동쪽을 바라보면 강물이 넘실대는 강 옆을 따라 개비리가 보였다. 명절이 되면 아버지는 오빠들을 데리고 개비리를 걸어서 고향으로 가셨다. 어린 나는 따라가지 못하고 아버지가 돌아오실 때까지 그 길을 바라보았다. 개미처럼 가물거리는 사람의 형체가 개비리 쪽에서 보일라치면 까치발로 서서 고개를 내밀고 아버지를 기다렸다. 며칠 동안 집을 비운 아버지와 오빠가 보고 싶기도 했지만 고향을 다녀오신 아버지 손에는 평소에 맛보지 못하는 떡과 음식이 있었기 때문이다. 아버지를 기다리는 내 눈길은 해가 저물 때까지 개비리로 향해 있었다.

여섯 살 되던 작은 설날이었다. 나도 따라가겠다고 떼를 써서 아버지의 고향 나들이 행렬에 드디어 합류를 했다. 아버지가 앞장서고 나이 순서대로 오리새끼처럼 한 줄로 서서 개비리를 걸었다. 길 아래에는 깊이를 알 수 없는 시퍼런 강물이 흘렀다. 바삭 마른 흙길 때문에 셋째 오빠가 뒤뚱거렸다. 뒤따라가던 나도 미끄러질까 봐 겁이 났다. 앞서 가는 아버지를 부를 수도 없었다. 그랬다가는 행렬에서 퇴출당할 게 뻔했다. 가슴이 콩닥거렸지만 아버지의 발자국을 따라 걷는 오빠들 뒤를 입을 꼭 다물고 따라갔다. 나도 오빠만큼 자라면 겁내지 않고 개비리를 잘 갈 수 있을 거라 생각했다. 얼른 크고 싶었다.

그 후 아버지 전근으로 다른 고장으로 이사를 했다. 나는 다시 그 길을 걸어보지 못했다. 하지만, 어린 시절 살았던 창아지를 떠올릴 때마다 아버지가 생각나고 개비리가 생각났다.

몇 년 전부터 개비리가 없어질 거라는 소문이 돌았다. 개비리를 도로로 확장하기 위해 설계까지 마친 상태라 언제 공사가 시작될지 모른다고 술렁거렸다. 그런 말을 들을 때마다 개비리를 걸었던 내 추억이 사라지는 것 같았다. 다행히 확장공사는 철회되었지만 4대강 사업의 시책으로 개비리를 넓혀 자전거길로 만들 거라 한다. 그 시기가 머지않았다는 말에 차일피일 미루었던 개비리 길을 부랴부랴 찾았다.

강을 바라보며 오솔길을 걸으니 제일 먼저 아버지가 떠올랐다. 눈앞에는 추운 겨울날 아버지 뒤를 따라 개비리를 걷는 여섯 살 내 모습이 가물거렸다. 가슴을 파고드는 마삭줄 꽃향기를 맡으면서 하늘을 가린 대숲을 지나 기암괴석 절벽 길을 걸어서 창아지 마을까지 갔다. 내가 살았던 집을 찾으니 집은 사라지고 빈터만 남았다. 빈터에 서서 개비리를 바라보니 아버지를 따라나섰던 옛 생각에 목이 멨다. 아버지가 살아계셨다면 오리새끼처럼 꽥꽥대던 어린 오남매를 키웠던 이곳을 나처럼 와보고 싶었을 것이다.

창아지는 강변 푸른 땅콩밭 위로 안개가 짙게 깔리는 수채화 풍경 같은 마을이었다. 세월이 많이 흐른 탓인지 모래톱 둔치에 있던 땅콩밭은 간데없고 무성한 잡초 속에 하얀 개망초만 듬성듬성 피었다. 마을 앞 논밭에는 낙동강 정비 사업으로 수로를 만드는지 다 파헤쳐지고 먼지를 일으키는 덤프트럭만 부산하게 움직인다. 옛 추억은 그대로 있으나 옛 모습은 거의 사라졌다.

이 세상 모든 것은 다 사라진다. 그러나 보존해야 할 것도 있다. 개비리 중간쯤에는 퇴적암으로 이루어진 너럭바위가 있다. 이 바위에는 중생대 쥐라기 때 번성했던 초식 공룡 용각류(龍脚

類)의 것으로 짐작되는 발자국이 줄을 지어 화석으로 남아 있다. 이 너럭바위 화석은 1억 5천만 년 전에 한반도에 살았던 공룡이 남긴 소중한 발자취다. 4대강 정비 사업에 앞서 시행된 문화재 지표조사에서 빠져버린 너럭바위 공룡 발자국. 지금은 비록 작고 보잘것없어 보이지만 오랜 세월이 덧쌓일수록 자연 유산으로서 그 가치가 빛을 발하게 될 것이다. 화석이 된 공룡 발자국처럼 벼랑 위 소롯길을 걸었던 사람들 발자국과 아버지와 어릴 적 내 발자국도 개비리에 아직 남아있다고 나는 믿는다.

올레길, 둘레길, 갈맷길, 산막이길, 마실길이란 이름으로 옛길이 살아난다. 남지장에 오갔던 사람들에게 목숨만큼 소중했던 개비리. 강을 바라보며 산길을 걷는 수륙양용(水陸兩用)의 길. 강바람 산바람도 쉬었다 가는 길. 태곳적 모습을 고스란히 간직한 개비리가 사람들 사이에 알려지면서 찾는 발걸음이 많아지고 있다. 개비리도 옛길 그대로 보존될 수는 없을까.

추억을 찾아 꿈길처럼 개비리를 걸었다. 옛 생각에 설레는 마음으로 찾았지만 허전한 가슴을 안고 되돌아왔다. 개비리에 자전거 길이 만들어진다면 부처님 형상 바위가 무너지고 공룡 발자국과 호젓한 마삭줄 꽃길도 파헤쳐져 시멘트 바닥으로 덮여버릴 것이다. 그렇게 되면 공룡이 남긴 발자국과 삶의 무게

만큼 무거운 짐을 지고 개비리를 걸었던 사람들의 땀방울 같은 발자국이 영원히 사라질지도 모른다.

훗날, 마삭줄 꽃향기가 흩날리는 개비리를 다시 걸을 수 있을까. 애꿎은 강물만 소리 없이 흐른다.

2011년 7월 8일 경남도민일보에 게재된 글

가야본성과 비화가야의 부활

2019년 12월 중순에 국립중앙박물관을 찾았다. 가야본성(加耶本性) 기획전을 보기 위해서다. 서른여섯 군데나 흩어져 있던 가야 유물을 한곳에서 보게 되는 절호의 기회였다.

전시실 앞 커다란 포스터에는 가야본성(加耶本性)을 칼(劍)과 현(絃)이라는 두 글자로 함축했다. 가야는 42년 3월에 문화와 풍습이 서로 다른 작은 나라들이 모여 구지가 설화를 바탕으로 김수로왕이 탄생하면서 생겨났다. 신라에 의해 멸망하기까지 520여년을 버틸 수 있었던 것은 주변국이 따라오지 못할 만큼 막강한 기술로 철기문화를 꽃 피운데다 여러 가야의 화합을 위해 가야금까지 만들었으니 칼과 현은 환상의 조합이다 싶다.

전시실로 들어서니 캄캄한 길이 나왔다. 길 한쪽에는 까만 벽을 따라서 하얀 글씨로 쓴 구지가가 경건하게 나오니 어둠에 잠긴 길이 2천 년 전 가야 탄생 시간으로 되돌아가는 블랙홀 같았다. 길이 끝나고 안으로 들어서니 파사석탑이 먼저 눈에 들어왔다. 관룡사 약사전 앞 삼층석탑만한 붉은 돌탑이 아유타국의 공주 허황옥이 가야로 올 때 배 중심을 잡기 위해 가져온 평형석이라고 한다. 일연스님도 삼국유사에서 우리나라에 없는 돌이라고 했는데 고려대 산학협력단의 분석결과도 한반도에 없는 엽랍석 성분의 사암이라고 판명 났다. 학자들 사이에서 허황후에 대한 의견이 분분하지만 바다를 건너왔다는 사실만은 과학적으로 증명된 셈이다.

가야인 후손들은 허황후의 무엇을 그토록 잊지 못해서 그녀의 흔적을 석탑으로 남게 했을까. 열여섯 살 때 얼굴도 본 적 없는 김수로왕과 혼인하기 위해서 먼 바닷길을 건너 가야로 찾아온 그녀는 어떤 여인이었을까. 긴 세월 동안 가야를 지탱할 수 있었던 것이 철의 강력한 힘뿐만 아니라 가야에 헌신한 허황후의 모성적인 힘도 분명히 존재했을 것 같다.

고분은 그 시대의 풍습과 문화를 엿볼 수 있는 타임캡슐이다. 가야는 나라마다 고분 크기와 형태가 제각각이고 신분에 따라 부장품도 달랐다. 커다란 유리장 안에는 금관가야 대가야 소가야 아라가야 비화가야 나라별로 특색이 다른 토기들이 자신의 이름표를 달고 빼곡하게 앉아 있다. 다른 전시실에는 철제 무기인 칼과 갑옷을 비롯해서 금관 금귀고리 수정목걸이 유리잔 청동거울 쇠솥 등 저마다 이야기를 품은 유물이 셀 수 없이 많았다. 가야는 바닷가에 자리한 지리적 조건으로 무역이 활발해서 당대 최고의 국제시장이 형성되었고 각 나라가 독자적으로 외교관계를 맺었다. 그런 연유로 서아시아의 유리 금박구슬과 더불어 중국 일본 고구려 백제 신라의 유물이 출토되었다. 가야의 유물도 일본과 신라 백제의 유적에서 발견되기도 했다. 그만큼 가야가 철기와 토기로써 번성했다는 반증일 것이다.

고령 지산동 44호 왕의 무덤은 실제 크기로 재현해 놓았다. 값진 껴묻거리는 도굴되어 없었지만 녹슨 칼과 깨진 토기들이 널브러져 있었다. 이 고분에는 왕의 호위무사와 신하, 일반인을 비롯해서 35명이 넘는 순장자가 있었다고 한다. 기록에 의하면 가야에서는 왕이 죽으면 순장을 하는데 강압이 아니라 본인 스스로 순장을 결정했다고 되어있다. 그들은 왜 이승에서의 삶을 버리고 순장되기를 원했을까. 목숨을 버리는 두려움보다 순장을 하면서 얻는 사후의 명예가 더 중요했을까. 생사를 함께 할 만큼 그들의 왕을 사랑했기 때문일까. 비화가야의 본산인 창녕 송현고분에서 나온 송현이도 자기가 원해서 순장 되었던 것일까. 꼬리에 꼬리를 무는 의문이 대추나무 가지처럼 얽히고설켰다. 2년 전 창녕박물관에서 뼈에 남아있던 의학적 근거를 바탕으로 실제 모습과 같이 정교하게 복원된 송현이를 본 적이 있다. 그 때 할 말이 많아 보이던 송현이의 애절한 눈빛이 떠올라서 전시된 순장자의 두개골과 유물 앞에서 얼른 자리를 뜨지 못했다.

전시실은 기획전이라 공간이 크지는 않았다. 가야의 방대한 자료를 다 가져오지는 못했지만 가야의 생성과 소멸, 가야인의 삶과 죽음, 예술, 문화를 들여다보았다. 가야는 여러 나라가 하나로 통합하지 않고 서로의 개별성을 인정하면서 함께 공존하는 방식으로 살아간 나라다. 하지만 다양성을 인정하며 어우러져 살았던 것이 약점이 되어 중앙집권체제를 가진 신라에 합병되어서 역사 속으로 사라졌다.

가야 고분은 일제 강점기 때 거의 도굴이 되었다. 다행히 창녕에서 우리나라 최대 규모인 가야시대 가마터가 발굴되었고 비화가야 최초로 교동 송현동 고분에서 도굴되지 않은 지배자의 무덤도 공개되었다. 창녕에는 교동 송현동 고분만 약 250기가 된다. 그것만으로도 엄청난 규모인데 계성고분과 영산고분까지 합한다면 비화가야의 세력이 만만치 않았다는 것을 알 수 있다. 1천 5백 년 동안 잠자다 세상에 불려 나온 비화가야가 세상 사람들에게 무엇을 말해주고 싶어 할까. 그들은 가야의 영원을 꿈꾸었을까. 시공을 초월하는 삶을 간절히 바랬을까.

긴 잠에서 깨어난 비화가야가 새로운 역사를 쓰기 위해서 부활을 하고 있다. 가야의 고유한 국가는 무너졌지만 우리의 정체성이 되는 소중한 유적을 지키는 것은 우리들 몫이다.

그리하여 어느 날

4부

바람의 변주곡

초대 받지 않은 손님

그 여자

봄바람에 부친 편지

사릉의 봄

전설을 품고 있는 칠장사

고려 임난수 장군과 세종대왕, 그리고 세종시

바람의 변주곡

늦가을 바람이 거칠다. 이리저리 날뛰는 망아지처럼 종잡을 수 없는 바람의 횡포가 태풍이라도 몰고 올 기세다. 커다란 은행나무 가로수가 휘청거리는 된바람 때문에 매일 하던 산책을 포기했다. 대신에 용미리에 있는 마애불을 만나기 위해 길을 나섰다.

사진으로만 본 마애불 실제 모습이 궁금했던 터다. 혜음령 고개를 지나 사찰 주차장에 도착하니 여기도 바람이 여전하다. 바람을 안고 일주문이 있는 산자락으로 올랐다.

일주문을 지나 대웅전 마당에 들어섰다. 끊어졌다 이어지는 풍경소리가 사방으로 흩어진다. 햇살이 가득한 고즈넉한 절

뜨락에는 소슬바람만 뒹군다. 바람 탓인지 인기척조차 없다. 대웅전을 기웃거리다 왼쪽에 있는 마애불로 가는 오솔길로 접어들었다.

구불구불한 오솔길은 화강암 돌계단이다. 계단 옆 참나무 숲은 온통 갈빛으로 물들었다. 조금 올라가니 알록달록한 단풍잎 사이로 하얀 석불이 얼핏 보인다. 계단을 다 오르니 거대한 석불 두개가 나타났다.

남녀로 된 이불입상이다. 산비탈에 수직으로 기대어 선 커다란 자연석에다 법의와 손과 발을 조각해서 몸통으로 쓰고 목과 머리와 갓은 따로 만들어서 그 위에 얹었다. 남자는 두 손으로 가슴 앞에 연꽃 한 송이를 비스듬히 쥐고 있고 여자는 가지런히 두 손을 모아 합장했다. 바람에 펄럭일 것만 같은 가사 입은 몸매는 장군처럼 늠름했으나 각각 양팔 길이나 손 크기가 서로 맞지 않아 우스꽝스럽기도 하다. 입을 꽉 다문 진지한 표정만큼은 대웅전 불상 못지않게 근엄하다. 불교에 토속 신앙이 가미된 높이가 17m가 넘는 특이한 남녀마애불이다. 갓과 얼굴 목은 하얗고 몸통에는 까만 지의류가 풍상처럼 앉아있는 마애불은 고려시대 것이라 900년이 넘었다.

마애불을 올려다보고 있는데 숲속에 골바람이 분다. 참나무 가지에 남아있던 잎들이 작별을 고하는 듯 아우성을 내지르며 허공을 맴돌다 산속으로 흩어진다. 바람이 얼마나 요란한지 산이 통째로 흔들린다. 거친 바람 속에 서서 무념무상의 마애불을 보니 내 머릿속에는 산바람소리만 가득하다. 속세는 온통 가을바람에 흔들리는데 구름 한 점 없는 파란 하늘을 머리에 이고 연화세계를 꿈꾸는지 눈을 지그시 감은 마애불이 세상에서 가장 편안해 보인다. 외진 산속에서 중생의 아픔을 어루만졌던 천년 가까운 세월도 바람같이 한순간에 지나갔지 싶다.

마애불을 보고 대웅전으로 내려왔다. 그 때 갑자기 산자락을 거슬러 불어 닥친 회오리바람이 나뭇가지를 흔들어 잎사귀를 공중으로 휘몰아 올렸다. 요사채 지붕보다 더 높이 날아가 정분난 새떼처럼 격정적이다가 나비처럼 부드럽게 하늘을 맴돌면서 춤을 춘다. 황홀경을 연출하는 낙엽의 군무가 한 생을 마무리하는 경건한 의식 같다. 바람이 잦아지자 낙엽은 숲으로 떨어져 흔적 없이 사라진다. 그것을 보니 인간의 삶도 낙엽처럼 빈손으로 소멸될 것이라는 묵언의 교지를 받아든 기분이다. '공수래공수거'가 화두처럼 머리를 스쳤다.

빈손으로 왔다 빈손으로 가는 게 인생이다. 이 말에는 욕심부리지 말고 베풀면서 겸손하게 살아가라는 뜻이 담겼다. 돈 욕심이 없어도 사는 동안에는 돈에서 벗어나지 못한다. 돈을 움켜쥐고 쓸 줄 모르는 사람은 인색하다. 엄밀히 말하자면 자기 것을 움켜쥐는 것이 도리에 어긋나는 것은 아니다. 하지만 있으면서 남에게 베풀 줄 모르는 사람은 옹색해 보인다. 어떤 사람은 돈이라 하면 남에게 손해 보지 않으려고 질색을 한다. 자기 욕심 채우려고 남의 돈을 탐내는 사람도 있다. 돈이 뭐기에 더 갖지 못해 안달을 할까. 오죽하면 돈 앞에서는 부모 자식 간도 없다는 말까지 생겼다. 이처럼 돈 앞에 서면 인간의 본색이 드러날 정도로 돈의 본질은 냉혹하다.

살면서 겪었던 돈에 대한 생각이 파노라마처럼 떠올라 낙엽이 사라진 허공을 한참 바라보았다. 잠시 번뇌처럼 흐트러진 마음을 추스르고 대웅전 뜨락을 나설 때였다. 중년의 스님이 대웅전 뒤꼍에서 잰걸음으로 다가왔다. 이 절에 몇 번 와 보았느냐고 살갑게 말을 건다.

작달막한 스님 얼굴이 동그스름하다. 보푸라기가 핀 낡은 잿빛 털모자를 쓰고 외까풀 작은 눈에는 실없는 웃음을 머금었다. 마애불 보려고 처음 왔다하니 절 유래와 마애불 전설을 숨 가쁘게 토해낸다. 설명을 읽었던 터라 다 알고 있었지만 첫걸음인 사람에게 베푸는 친절이라 생각하고 모르는 척 맞장구를 쳐주었다.

신이 난 스님은 대뜸 절에서 나온 달력이 필요 하느냐고 물었다. 그러더니 호주머니에서 손목에 차는 염주를 꺼냈다. 오대산 오동나무로 만든 귀한 염주라 시중에서 구하기 어렵다면서 이것을 차에 두면 사고 예방도 되니 돈 만 원 아깝다 여기지마라 한다. 만 원이라고 말 할 때는 잘못 들었나 싶을 정도로 작은 목소리로 재빠르게 넘어가서 긴가민가했다. 불자가 아니라서 염주는 필요 없다고 완곡하게 말했다. 절에서 공짜로 나누어주는 12간지가 표시된 손바닥만 한 달력만 받고 싶었다.

내 대답에는 관심이 없었다. 이 절은 전직 대통령들과 인연이 깊은 곳이라며 난데없이 자랑하다가 중국산 염주를 비싸게 산 불자들이 이것을 보고 후회한다며 또 뜸을 들인다. 내 눈에는 스님 염주가 영락없이 중국산 같아 보이는데 귀한 염주라 수녀님들도 갖고 싶어 해서 구해준다는 궤변을 늘어놓을 때 속웃음이 났다.

속사포 같이 이말 저말 갖다 붙이며 능갈치는 풍이 영락없이 시골 장날 약장수다. 작은 달력 하나 거저 얻으려다 아까운 돈 만원 나가겠다 싶었다. 달력을 포기하려는 내 마음을 아는지 모르는지 스님 표정은 마애불만큼 진지하다.

오늘같이 왜바람이 번잡스럽게 부는 날 스님 마음에는 무슨 바람이 불어서 객을 잡고 이리도 애절할까 싶다. 속세에서 먹었던 절 아래 순댓국이 간절하게 생각났을까. 세속의 가족에게 변고라도 생겼을까. 뻔뻔하게 거짓말을 늘어놓는 비굴한 행동이 거슬렸지만 모른 척 하기로 했다. 용처가 어디인지 몰라도 오죽하면 저럴까 싶어 딱 잘라 거절하려니 마음에 걸렸다.

염주와 달력을 달라고 했다. 스님은 자신의 말솜씨에 넘어갔다고 확신한 모양이다. 안색이 연꽃처럼 환해지면서 종종 걸음으로 요사채로 달려갔다. 공짜로 받고 싶었던 작은 달력은 간데없고 사진작가가 찍은 풍경사진 12장짜리 커다란 달력을 가져왔다. 가져가도 아무 쓸모없는 염주와 과분한 달력을 받아들고 공손하게 만 원을 드렸다.

뒤숭숭한 바람 탓일까. 세상에 공짜가 없다는 말을 깜빡했다. 어쩌면 오늘따라 변덕스럽게 부는 가을바람이 스님과 한통속이었는지 모른다.

일주문으로 내려오는데 저만치서 바람이 갈기를 세우고 다시 일어선다.

초대 받지 않은 손님

어쩌다 예기치 못한 일이 생길 때가 있다. 그럴 때 어떤 이는 확률을 따지며 통상 일어날 수 있는 일이라고 생각해서 대수롭지 않게 여기기도 하고 '왜 하필 나에게'라며 난감해 하는 사람도 있다. 사람마다 받아들이는 방법이 천차만별이지만 예사로운 거라도 그냥 지나치기에는 뭔가 편치 않아서 마음자락에 자국이 되어 남는 것도 있다.

5년 전 가을이었다. 맹위를 떨치던 무더운 여름이 가고 선선한 가을바람이 부는 9월 중순에 집을 나섰다. 파도가 몰아치는 탁 트인 동해바다를 따라 가다 미끈한 금강송이 울울창창한 곳을 지나 불영계곡 상류에 위치한 휴양림에 들어섰다. 아직 단풍 들 기미가 없는 숲길에는 솔향을 머금은 피톤치드가 떼거리로 몰려들었고 청아한 계곡물 소리가 넘쳐났다.

예약한 숙소는 작은 통나무집이었다. 숙소 주변에 이런 집이 서너 채 더 있었다. 짐을 옮겨놓고 숲 냄새가 하도 좋아서 창문을 열어놓고 느긋하게 쉬고 있었다. 저녁때가 되기 전에 나이가 지긋한 남자들끼리 온 팀과 지인들과 온 장년의 사람들과 부부간에 온 팀들이 들뜬 마음으로 짐을 푸느라 한바탕 왁자지껄 했다. 해가 뉘엿뉘엿하게 저물녘에 숙소로 들어가서 시끄러운 소리가 바람처럼 사라졌다.

피곤했던 터라 저녁 끼니 때 막걸리를 곁들여서 여독을 풀고 일찍 자리에 누웠다. 그런데 나는 낮에 산과 산 사이를 비집고 들어선 조그만 어촌마을 손바닥만 한 백사장에 서 있을 때 몸피를 꼿꼿하게 세우고 시퍼렇게 달려오던 동해바다의 너울파도가 머릿속에 맴돌아서 뒤척거리고 있었다. 산기슭에 바짝 붙어 납작하게 엎드린 집을 삼킬 듯이 으르렁거리는 파도의 진격이 저돌적이어서 생각만 해도 가슴이 벌렁거렸다.

그때였다. 누군가 다급하게 현관문을 두드렸다. 여행객끼리 술이라도 같이 하자는 이유 같으면 저리 경망스럽지 않고 '계십니까'라고 점잖게 말하는 게 예의일 텐데 이건 숫제 싸움을 걸어오는 듯 호전적인 행태다. 무슨 일로 야밤에 남의 숙소 문을 두드리는지 알 수 없어서 자는 척 숨을 죽이고 바깥 동태를 살폈다. 상대방도 나처럼 말이 없었다. 조금 있으니 또 탁탁탁 두드리기 시작했다. 낮에 집채만 한 파도를 봤을 때보다 가슴이 더 뛰었다.

작은 소리로 곤히 잠든 남편을 흔들었다. 누가 우리 현관문을 자꾸 두드린다고 했더니 비몽사몽간에 눈을 뜨고는 괜찮으니 걱정 말고 자라고 한다. 일찌감치 방안의 불을 다 꺼두고 바깥 현관 등만 켜두었던 터다. 침입자가 생기면 우리는 창문 밖에서 그림자만 어른거려도 낌새를 알 수 있지만 밖에서는 방 안 동태를 알지 못하게 나름대로 머리를 썼다. 하지만 여기 현관문에는 눈구멍이 없어서 바깥에 누가 있는지 보이지 않는다. 막무가내로 현관을 두드리는 바람에 무서워서 창문을 열어 볼 배짱은 더더욱 없었다.

끊어졌던 소리가 다시 들렸다. '투탁투탁탁탁' 아까와 다르게 두드리는 리듬이 제멋대로다. 술 취한 사람이 취기에 못 이겨 엄한 사람한테 해코지 하는 건가 싶기도 했다. 아무리 그렇다 하더라도 해도 해도 너무한다 싶었다. 자신의 행동에 반응이 없으면 미안해서라도 조용히 물러가야 하는데 이건 숫제 끝까지 해보겠다는 심사다. 30분 넘게 저러고 있으니 무서움보다 오기가 생겼다. 이제는 내가 참지 못하고 다시 잠에 빠진 남편을 대신해서 용기를 냈다.

"누구세욧"

큰 목소리로 앙칼지게 내뱉었다. 뭐라고 대답을 할지 기다리는데 그래도 말이 없다. 이건 무슨 상황이지 싶었다. 한밤중에 남의 현관을 두드렸으면 그 이유를 말해야 납득을 하겠는데 묵묵부답이다. 아무리 기다려도 대답이 돌아오지 않아서 더 이상 말하지 않았다. 그 후로 두세 번 더 두드렸지만 아예 상대를 해주면 안 되겠다 싶어서 참았다. 내 판단이 옳았는지 얼마 지나지 않아 돌아갔는지 조용했다.

누가 무슨 마음으로 남의 현관을 제멋대로 두드렸을까. 그 이유를 알지 못해서 맘 편히 잠을 못 잤다. 아침에 멍한 채로 일어나서 주변을 먼저 살폈다. 어떤 사람이 무례한 짓을 했나 싶어서 옆쪽과 앞쪽 숙소를 잽싸게 눈으로 스캔했다. 다른 숙소에서는 간간이 말소리만 들려왔고 밤새 아무 일도 없었다는 듯 평온했다. 그들 대부분이 아침을 먹고 태연하게 짐을 챙겨서 떠났다.

우리는 하룻밤을 더 묵어야 한다. 이런 상태로 하루를 더 보낼 생각을 하니 마음이 찜찜했다. 그렇지만 계획했던 대로 불영사와 왕피천이 있는 굴구지 마을로 나섰다. 불영사 대웅보전 앞에서도 왕피천 맑은 물속을 들여다 볼 때도 지난 밤 일이 마음속에 달라붙어서 내내 편하지 않았다. 누가 그랬을까.

평소 집안에서도 낯선 소리가 들리면 그 소리의 실체를 확인해야 마음이 놓이는 터다. 하물며 외지에서 이런 일이 일어났으니 심란했다. 어떤 사람이 분명히 현관문을 세게 두드렸는데 누군지 알지 못하니 이건 부처님이 내린 화두처럼 자꾸 머릿속에 맴돌아서 마음에 분심이 일었다.

왕피천에서 늦지 않게 휴양림으로 돌아왔다. 솔향기가 진한 숲길을 산책하면서도 어젯밤 일을 생각해보니 풀리지 않는 수수께끼처럼 명확하게 잡히는 게 없다. 아무 일 아닌 것처럼 그냥 잊어버리기에는 미스터리였다. 풀지 못한 숙제처럼 안고 휴양림을 둘러보면서 주변을 살펴봤다. 혹시라도 어젯밤 낌새가 어딘가에 흔적이라도 남아있을지 몰라서 두리번거렸다. 하지만 아무 것도 발견 못했다. 계곡물 소리를 들으면서 솔숲이 우거진 산책길과 가래호두 나무 아래를 거닐다가 통나무집으로 돌아왔다. 현관문을 열려는데 문 앞에 시커먼 게 보였다.

허리를 숙여서 보니 매미다. 명이 다한 매미 한마리가 까만 배를 드러내놓고 누워있다. 왜 여기에 있을까 생각하다 어젯밤 일이 떠올랐다. 현관문 밖에 밤새도록 등을 켜놓았으니 주광성을 가진 곤충들이 몰려들면서 매미도 그렇게 찾아 왔었

나보다. 온밤을 신경이 곤두서서 마음 편히 잘 수 없게 만든 것이 이 작은 매미라니.

어젯밤 매미는 죽을힘을 다해 현관을 두드렸을 것이다. 할 말이 있으니 제발 문을 좀 열어보라고. 그것도 눈치 못 채고 오만가지 상상을 하면서 애먼 사람들을 의심했다. 문 두드리는 소리가 하도 커서 그게 사람의 짓이지 저 작은 매미라고는 상상 조차 못했다. 이처럼 서로 생각이 다르면 소통이 되지 않는다. 세상 이치도 똑같다.

매미의 짧은 생이 절규로 끝이 났다. 숲 속에서 흔적 없이 소멸하지 못하고 불빛에 자기를 드러내놓고 그렇게 문을 두드린 것은 긴 유충에 비해 성충으로 사는 기간이 지나치게 짧아서 그 억울함을 세상에 알리고 싶어서일까. 아니면 짧은 일생이라도 사는 게 힘들어서 신세 한탄을 했던 것일까.

그들보다 오래 사는 인간의 삶도 매미와 별반 다르지 않다. 이런저런 애환이 숱하게 몰아치는 긴 여정을 살다보면 인생도 한순간이다.

그 여자

그날은 아침부터 바람이 매섭게 불었다. 점심때가 한참 지나 바람이 잦아질 무렵 은행으로 가던 길이었다.

은행으로 가는 왕복 6차선 길가에는 동백나무가 울타리처럼 촘촘하게 심어졌다. 12월 끝자락부터 한 두 송이씩 피던 동백꽃이 1월 중순을 지나면서 꽃망울을 터트리기 시작했다. 온 마을이 불타는 듯이 빨갛게 핀 동백꽃을 보기 위해 두 정거장이나 되는 길을 일부러 걷고 있었다. 동백꽃이 마음을 헤집는 아릿한 향기는 없지만 추운 겨울을 녹여주는 온기처럼 느껴졌고 훈훈한 봄기운을 가져다주는 것 같았다.

동백꽃 그늘 아래서 그녀를 보았다. 날이 추워서 인적이 뜸한 길을 천천히 걸어오는 모습이 멀리서 부터 예사롭지 않았다. 그녀 곁을 지나치면서 그저 그렇게 스치는 사람들처럼 언뜻 눈길이 마주쳤는데 그녀는 발걸음을 멈추고 내 얼굴을 뚫어지게 쳐다보다 눈길로 나를 따라 왔다. 잠시 동안이지만 유심히 쳐다보는 눈빛이 너무 강렬해서 무심히 지나칠 수 없었다.

50대 초반은 되었을까. 갸름한 얼굴이 진한 구릿빛이다. 무던하게 생긴 편평한 이마와 낡아버린 붓처럼 헝클어진 눈썹, 퀭하게 들어간 크지도 작지도 않은 외까풀 눈매는 토끼처럼 유순하다. 소피아 로렌을 닮은 도드라지게 솟은 콧날, 살이 빠져서 분화구처럼 움푹 파인 양 볼, 꽉 다문 얇은 입술은 검불처럼 바싹 말랐다. 어깨까지 내려온 검은 머리카락은 실타래같이 엉켰다. 버들가지처럼 호리호리한 몸매에 낡은 검정 바지와 무릎 위에 오는 두툼한 밤색 외투를 입었다. 추운지 가냘픈 몸을 한껏 움츠렸다.

볼 살이 올랐다면 절세가인은 못되더라도 인물이 반듯했을 그녀. 차디찬 겨울 하늘같은 푸른빛이 도는 그녀의 눈길이 내게 머문 채 골똘히 생각에 잠긴 마음 길은 독백을 하는 연극배우처럼 허공을 향한 듯했다. 잃어버린 과거의 기억들이 떠오르기라도 하는 것일까. 가물거리는 자신의 기억 저 편에 도달하기 위해 안간힘을 써는 것 같기도 하고 나를 통해서 누군가를 떠올리고 있는 중인지도 모르겠다. 그녀의 눈빛 속에는 시들기도 전에 꽃송이 채 땅에 툭 떨어져 더 붉게 타오르다 사그라지는 동백꽃보다 애달픈 사연이 있을 것만 같다.

그녀를 마주친 것은 잠깐이었지만 그 눈빛이 마음속에 아려왔다. 가던 걸음을 멈추고 뒤돌아보고 또 돌아보았다. 그녀의 원래 자리는 어디였을까. 남편과 자식은 있을까. 가족들이 찾고 있지는 않을까. 끼니는 어떻게 해결할까. 어디서 잠을 잘까. 낯선 곳을 떠돌아다니는 게 무섭지 않을까. 자식을 낳지 못해 소박이라도 맞은 걸까. 아니면 잃어버린 자식을 찾아 나서다 집으로 가는 길조차 잊어 버렸을까. 그래서 아는 얼굴이라도 있는지 만나는 사람마다 유심히 살피는 것일까. 그것도 아니라면 남편 때문에 집밖으로 떠도는 것은 아닐까. 그녀의 집은 왜 그녀에게 편안한 안식처가 되지 못했을까. 무엇이 그녀를 집밖으로 내몰았을까. 동백 꽃길 너머로 멀어져 가는 그녀의 뒷모습을 보면서 허튼 생각이 꼬리를 물고 나왔다.

세상이 변했다. 부모 자식 간에도 싸움이 빈번하고 형제자매지간에도 이해타산으로 삐거덕 거린다. 몇 십 년 살을 맞댄 부부도 감정의 골이 깊어지면 황혼이혼도 서슴지 않는다. 피를 나눈 혈육도 돈 앞에서 인정사정없는 경우도 종종 본다. 남보다 못한 가족이 되어가는 사람들. 그들에게 가정이란 어떤 의미일까.

가정의 구심점은 부부다. 집안에 온기가 식지 않게 부부가 합심해서 다독거려야 자식도 올곧게 자란다. 뜨거운 김이 나는 식탁에 온 가족이 둘러앉아 도란거리며 웃음꽃이 피도록 서로 모난 부분을 인내와 양보로 갈고 닦아서 눈금을 맞추듯이 마음을 맞추어 가야 한다. 희생과 배려가 마음 밑바닥에 누름돌처럼 깔려있어 큰 파도와 태풍이 몰아쳐도 끄떡 않는 그들만의 튼튼한 성을 쌓아야 한다. 그런데 남편들이 주사와 폭력, 곁눈질로 쪽박을 내고 분탕질까지 하면 가정불화가 시작되고 아내들의 눈물겨운 희생이 따른다.

선천적으로 생각의 구조가 단순한 남자와 다양한 여자가 만나 사는 일이 결코 쉽지 않다. 대화의 초점이 어긋나기 일쑤라 의견 조율이 어렵고 내 탓보다 네 탓으로 돌리기 바쁘다. 거기다 남편들이 조선시대인양 제 멋대로 군림하면 아내들은 무조건 참고 살기도 힘들뿐더러 치밀어오는 말과 감정을 그대로 드러내면 불똥이 사방으로 튄다. 입 밖으로 내지 못한 말과 가슴 속 응어리를 차곡차곡 마음 곳간에 눌려서 푹 삭혀야 댓바람 같은 풍파를 잠재울 수 있다. 팔딱거리는 멸치도 짜디짠 소금을 뿌려서 살과 뼈가 허물어지도록 곰삭아야 진국이 되듯이 참기 힘든 상황이 닥치면 자식과 가정을 오롯이 지키기 위해 아내들은 제 속을 삭이며 수천 번 뼈를 깎는 고통도 감내한다. 철부지 남자들의 아내로 산다는 것은 천형의 길을 걷는 것이다.

가끔 부부간의 불협화음을 본다. 두 눈을 맞대고 조곤조곤 대화로 실마리를 풀지 않고 핏대 올린 고성이 오가면 차마 눈 뜨고 못 볼 아귀다툼이다. 서로의 감정이 극에 치달아 이성적으로 해결되지 않을 때 가정은 난파선이 되어 침몰하고 만다. 그 원인이 누구의 잘못이든 간에 남편과 아내가 서로에게 주는 상처가 세상에서 가장 큰 스트레스이지 싶다.

빨간 동백꽃잎이 하늘거리는 겨울바람 속으로 사라진 여자. 정처없이 발걸음을 옮기던 그녀의 가슴에도 남편으로 인한 상처가 쌓였을지 모른다. 애간장이 녹아내리는 애증의 속앓이인지 폭군처럼 날뛰는 야만스러운 짓거리에서 비롯되었는지 몰라도 겹겹이 쌓인 상처는 쉽게 잊히지 않았을 것이다. 아물지 못한 상처가 가끔씩 벼락바람 같이 되살아나 그녀를 괴롭힌 것은 아니었을까. 이유가 무엇이든 부부사이에 믿음과 존경이 상실되면 남편과 아내의 소중한 관계가 무너지고 마음에는 균열이 생긴다. 그 틈사이로 마음이 산산조각 날 정도로 삭이지 못한 한(恨)이 봇물처럼 몰려와 그녀를 벼랑 끝으로 내몬 것은 아니었을까. 그래서 허방 같은 인생이 하도 서러워 정신줄 마저 놓고 집을 뛰쳐나왔는지도 모르겠다.

세상과 마주하기를 포기한 그 여자. 자신이 감당하지 못한 삶의 무게를 훌훌 벗어버리고 바람처럼 떠도는 자유로운 영혼이 되고 싶었나 보다. 어쩌면 녹록치 않는 삶을 평생 가슴앓이 하면서 사는 사람보다 그녀가 행복할지도 모를 일이다.

뚫어지게 나를 바라보던 그녀를 떠올리며 겨울이 다 갈 때까지 동백꽃이 흐드러지게 핀 그 길을 걷고 또 걸었다. 하지만 그날 이후 그녀를 다시 보지 못했다.

봄바람에 부친 편지

봄이 되니 동화골에 벚꽃 복사꽃이 흐드러지게 피어있네요. 실개천 수양버들에도 연둣빛 물살이 오르니 삭막했던 겨울이 물러가고 사방이 환해졌습니다. 호젓한 이곳에 첫사랑 같은 연분홍 꽃물이 감도니 제 마음이 아지랑이가 되어 피어오릅니다.

오랜만에 느껴보는 봄 햇살 봄 냄새가 낯설지 않습니다. 아무리 긴 세월이 흘렀어도 여긴 옛 산골모습 그대로네요. 개천따라 난 길을 가다가 왼쪽 언덕길로 오르니 밭갈이를 마친 천수답의 전원풍경이 평화롭습니다. 저기 표지판이 가리키는 곳으로 가면 당신을 만날 수 있겠지요. 임도에서 비켜난 쪽으로 400m라고 하니 바로 앞 산굽이에 당신이 계신가봅니다. 산으로 오르는 길이 가팔라서 숨이 찹니다. 하지만 이게 무슨 대수입니까. 당신을 만난다는데 이정도 쯤이야 아무렇지 않습니다.

산길을 거의 올라오니 선무랑을 지낸 이원경 봉분이 먼저 발길을 막아서네요. 여기서 산등성이 쪽으로 걸음을 옮기니 당신 계신 곳이 바로 보입니다. 장맛비가 연거푸 오던 날 산사태라도 났나봅니다. 이중으로 축대를 쌓은 당신의 자리가 어찌 불안해보입니다. 마치 낭떠러지 절벽위에 모셔 둔 것 같아 제 마음이 안절부절못해서 애가 쓰이네요. 여기가 초장지가 아니라 이장지이라면서요. 시흥에서 모셔올 때는 저렇지 않았겠지요. 후손들이 초장지보다 더 좋은 곳으로 선택한 자리였을 터이니 말입니다. 산소 바로 아래에서 물이 솟는 곳이 명당이라 하던데 물길이 당신의 발치를 깎아 먹는 형상 같아서 제 눈엔 뭔가 마뜩잖아 보입니다. 그래도 풍수에서는 여기가 용의 혈이 한데 모인 정혈에 쓴 명당이라고 하니 다행입니다.

성분으로 올라오니 앞이 탁 트여서 그런지 마음이 평온해집니다. 북녘을 향해 누우셔도 양지바른 곳이라 엄동설한이 와도 춥지는 않겠습니다. 반듯한 문구가 쓰인 비석 말고는 석주와 석등 문인상이 일반인들과 크게 다르지 않네요. 유별나지 않는 유택이 왕족의 혈통이어도 그런 내색 않고 고매한 선비처럼 살았던 당신의 인품과 닮았습니다.

후손들이 이곳으로 모셔올 때 부인 해평 윤씨와 합장을 했나 봅니다. 두 분이 한 현실에 계시면서 무슨 이야기를 나누고 계신가요. 봄꽃같이 고왔던 젊은 시절을 그리워하시나요. 자손들 이야기로 꽃을 피우시나요. 서로에게 원망과 아픔으로 얼룩졌던 시간들을 다독여주시나요. 아니면 가슴에 못이 되어 박힌 회한으로 눈물을 흘리고 계신가요. 신분에 차별 없는 지금 세상에 다시 태어난다면 어떤 사람이 되고 싶으신가요. 부엉이가 우는 청아한 보름달이 뜨는 밤에는 무슨 생각에 잠기시나요. 한바탕 신명나게 거문고를 연주하고 싶으신가요. 당신이 타는 거문고 자락이 달빛을 따라 흐르면 천상의 음악이라 여겨 숲속에 잠든 미물과 날짐승 길짐승들이 모두 나와서 춤추며 노래하지 싶습니다.

당신 계신 곳에서 저 멀리 가물거리는 지평선을 바라보니 옛날 생각이 떠오릅니다. 날씨가 좋은 날에는 여기서도 천마산과 성거산이 맞닿은 골짜기로 흘러내리는 박연폭포가 보인다면 좋겠습니다. 만화방초가 우거지는 봄부터 오색단풍이 흩날리는 가을까지 절경을 보러 박연폭포를 제집 드나들 듯이 다녔습니다. 비가 온 뒤에는 우렛소리를 내며 흩어지는 물보라 사이로 무지개가 뜨곤 했지요. 고모담 속 용바위에는 제가 긴 머리카락을 풀어서 휘갈겨 쓴 시가 제 의지와 상관없이 아직도 남아있습니다. 박연폭포를 찾아온 관광객들이 다른 사람들 글귀 사이에 남은 제 흔적을 보고 무슨 생각을 할까요.

제가 여기를 찾아오는 동안 강산이 수십 번 변한 시간이 흘렀습니다. 많은 시간이 지나도 가보지 못한 길의 아쉬움은 가슴에 앙금처럼 달라붙어서 괴롭힙니다. 저도 인간이다 보니 미련이 남는 부분이 많습니다. 그 중에서 거문고를 빌미삼아 당신과 마음을 나누지 못하였던 게 참으로 아쉬웠습니다. 우리가 특별히 쌓은 정은 없었지만 봄꽃이 분분하게 흩날리는 날 문득 당신이 생각났습니다. 그래서 먼 길 마다않고 찾아왔습니다.

가슴 저미던 당신의 거문고 가락이 아직도 귓가에 맴돕니다. 거문고 명수답게 여섯 줄에서 힘차게 튕겨 나온 굵고 맑은 음색이 저의 애간장을 녹였습니다. 거문고 연주자가 당신이라는 것을 알고 호방함을 시험해보고 싶었습니다. '벽계수야 쉬이 감을 자랑마라'라고 시 한수를 읊었더니 제게 관심조차 없는 것처럼 의연한 척 눈길조차 주지 않으셨지요. 속마음은 그게 아니라서 얼마 못 가 저를 향해 뒤돌아보다가 말에서 떨어졌습니다. 제 자존심이 기고만장 할 때라 체면을 꾸긴 우스꽝스러운 당신을 보고 '명사(名士)가 아닌 풍류랑(風流郎)'이라며 무시했습니다. 그때는 이달의 훈수로 우연을 가장해서 인연을 만들고 싶었던 당신의 꼼수였다는 것을 몰랐습니다. 제가 백골이 진토 되는 무수한 세월을 지나고 보니 당신이 참으로 순수했다는 생각이 들었습니다.

요즘 세상에는 그런 낭만적인 행동으로 인연을 구하는 사람이 흔하지 않겠지요. 물질만능주의가 판치는 세상이라 자신의 이익을 위해서 계산적으로 상대를 구하는 일이 빈번하니 말입니다. 거기다 매사에 빨리빨리를 외쳐대니 진득하게 곰삭은 인연을 만들어가지 못하는 사람들이 많습니다. 번갯불에 콩 구워 먹듯이 연분이 순식간에 만들어지는 것은 아니잖아요. 마음 속 깊은 곳에서 우러나오는 진심어린 애정은 하루아침에 만들어지지 않으니까요.

사람은 본래 귀천이 없습니다. 그런데도 태어날 때부터 정해진 신분은 주홍글씨가 되어 평생 따라다닙니다. 세종의 증손이라고 하나 적통을 타고나지 못한 당신의 아픔이나 출생이 미천한 제가 기생이 될 수밖에 없었던 기구한 운명이 엇비슷합니다. 세상이 정한 신분 차별 때문에 우린 한 많은 인생을 살았습니다. 우리가 벗이 되었다면 마음이 잘 통했을 것입니다.

세상 사람들은 제 출생과 기생이 된 이유에 대해서 의견이 엇갈립니다. 아무려면 어떻습니까. 제 출생이 어떻든 간에 기적에 오른 것은 사실이잖아요. 양반과 천민으로 경계가 지어진 세상에서 제가 바꿀 수 있는 게 없었습니다. 세상을 탓하기 전에 스스로 변하기로 작정했습니다. 제게 주어진 인생에 한 점 원도 한도 없이 살아보려고 무던히 용을 썼습니다. 기생이 되어도 분내를 풍기지 않았고 화려하게 치장하지 않았습니다. 겉치레를 꾸미지 않아도 말과 행동과 심성에서 뿜어져 나오는 인품의 향기를 사람들에게 보여주고 싶었습니다. 거들먹거리거나 생각이 꽉 막혀서 가치관이 통하지 않는 남자는 상대하기 싫었습니다. 연회장에서는 남자들의 노리개가 아니라 좌중을 주도하고 싶었습니다. 비록 기생으로 살았지만 제 마음은 팔지 않았습니다.

제가 갈구했던 삶은 세상 이목이 아니고 명예도 아니었습니다. 퇴기로서 물러났을 때 안락한 노후를 보내려고 부를 축재하지도 않았습니다. 모란이 피는 기와집 뜨락을 거닐며 부귀영화를 누리는 속물이 되기 싫었습니다. 산천초목이 우거진 명승지나 담장 밖 바깥세상 일에 관심이 많았습니다. 이생과 둘이서 삼베옷을 입고 짚신을 신더라도 금수강산을 떠돌며 세상 구경 할 때가 좋았습니다. 발바닥에 물집이 잡히도록 걷다가 허기가 지면 드렁칡을 캐서 먹고 동냥을 해서 주린 배를 채워도 즐거웠습니다. 산골짜기를 가득 메운 찔레꽃 향기를 가슴에 품기 위해 발걸음을 멈추어서 쉬었다 가고 시냇물에 발

담그면서 놀다가 밤이슬을 이불삼아도 행복했습니다. 눈이 오면 눈길을 걷고 비가 오면 비를 맞으면서 걷다가 어느 이름 모를 마을 모퉁이 초가집 처마 밑에서 하룻밤을 지내도 어디에 구속되지 않는 자유로움이 좋았습니다. 저는 평범한 한 인간으로 살고 싶었을 뿐입니다.

현모양처의 표본이 된 신사임당과 천재 여류시인 허난설헌은 저와 동시대에 살았습니다. 똑같이 글을 좋아했지만 신분이 달라 추구했던 삶이 완전히 달랐습니다. 여자를 남자의 종속적인 존재로 여겼던 시대라 신사임당도 남편 이원수 때문에 마음고생은 했지만 똑 부러지게 제 목소리를 내었습니다. 여자라는 이유로 결혼 후 학문의 꿈을 더 펼칠 수 없었던 허난설헌은 졸렬한 남편 때문에 불우한 생을 보냈습니다. 남성 중심으로 돌아가는 세상에서 뜻대로 살지 못한 허난설헌은 김성립을 만난 것과 여자로 태어난 것 조선에 태어난 것을 뼈저리게 한탄했습니다. 남편과 불화 속에서 어린 남매를 잃고 풍비박산 난 친정 일로 낙담한 그녀가 27세에 요절하고 말았습니다. 양반가의 이름난 분들이 이러한데 평민이나 천민으로 태어난 여자들의 삶은 오죽 힘들었겠습니까. 제가 양갓집에 태어났더라도 이런 굴레에서 벗어나기 어려웠을 것입니다.

저는 신사임당과 허난설헌과 전혀 다른 삶을 살았습니다.

이사종과 6년 동안 계약결혼을 하고 소세양과 한 달 남짓 계약동거 했습니다. 이것은 사르트르와 보부아르의 계약결혼보다 거의 400년이나 앞섰습니다. 동방에 자리 잡은 작은 조선 땅에서 서양 사람보다 먼저 파격적인 결혼형식을 실천했지요. 사람에게 얽매이지 않고 남에게 보이는 표면적 사랑보다 제가 만족하는 내적 사랑을 원했습니다. 그 시대 법도에 어긋난 행동과 자유로운 영혼으로 사랑을 넘나들었으니 사람들 입에 오르내리는 가십거리가 되었습니다. 획기적인 그때 일이 아직도 후세 사람들에게 회자되고 있습니다. 여염집 아녀자들이라면 결코 하지 못했을 일을 아이러니하게도 기생이었기에 할 수 있었습니다. 제 인생에 후회는 없습니다.

저의 문학적 재능을 아쉬워하는 사람도 있습니다. 전해져 오는 작품이 그리 많지 않으니까요. 그렇지만 많은 사람들은 지족선사를 파계시킨 방탕한 기생으로 기억합니다. 조선의 사대부들은 그런 저를 손가락질하며 비난했습니다. 세상에는 점잖은 겉모습에 음흉한 내면을 숨긴 이중인격자가 얼마나 많습니까. 저는 그래서 그 사람이 갖고 있는 평판에 버금가는 불심의 한계를 알고 싶었습니다. 지족선사는 무늬만 생불이었지 한낱 욕망덩어리를 감춘 인간에 불과했습니다.

사람들 칭송을 받는 분이라면 그의 본성이 알고 싶었습니다. 양반이든 천민이든 가리지 않고 제자로 받아주는 화담 서경덕 선생님 명성을 듣고 어떤 분인지 궁금했습니다. 그분의 인품을 가늠해보려고 공부를 핑계 삼아 찾아갔습니다. 온갖 추태를 부리며 유혹해도 눈썹하나 까딱 않으셨습니다. 인간이 대적할 수 없는 신선과 같은 분이셨습니다. 세상 남자들이 벌떼같이 달려드는 저에게 여자가 아닌 인간으로 봐주신 오직 한사람이었습니다. 올곧은 분과 학문적 교류를 하며 같은 시대에 살았다는 것만으로도 행복했습니다.

사람들은 제 얼굴에서 빛이 난다고 했습니다. 분단장은 고사하고 세수만 하였을 뿐인데도 말입니다. 조선에 둘도 없는 절세가인이라고 칭송하곤 했지요. 제 아무리 잘난 얼굴이라도 세월을 이길 수 없었습니다. 저는 오백여 년 전에 목숨이 다했을 때 땅 속에서 흙으로 돌아갔습니다. 죽음은 소멸되는 것이 아니라 겉모습이 변화하는 과정입니다. 사람들 눈에는 보이지 않지만 저의 근원인 생명이 사라진 게 아닙니다. 돌고 도는 생명은 여러 가지 형태로 모습만 바뀔 뿐입니다. 그러나 인생은 다시 되돌아오지 못합니다. 한번뿐인 인생이니 허투루 살면 안 되겠지요.

봄이 오면 제 무덤가에는 붉디붉은 진달래꽃이 핍니다. 임제가 제 무덤을 찾아와 잔 잡아 권할 이 없다고 덧없는 인생을 한탄했었지요. 후대 사람들은 제 무덤이 어디 있는지 확실히 알지 못합니다. 박연폭포 곁에다 상징적으로 만들어 놓는다 해도 무슨 의미가 있겠습니까. 그저 아무도 모르는 이름 없는 산골짜기에서 바람소리 새소리만 들을 수 있다면 그것으로 족합니다. 제가 어디서 무엇이 되어있든지 간에 사람들 가슴 속에는 옛 이야기가 되어 남아있을 테니까요.

봄볕이 따스한 이곳에 앉아 있으니 되돌리지 못한 세월이 야속합니다. 풀리지 않는 매듭처럼 당신이 늘 가슴에 남아 있었는데 이렇게 만나고 보니 속이 후련합니다. 인생은 뜬구름이라 하지 않습니까. 지나고 보니 모든 게 부질없었습니다. 당신도 제가 뭐라고 그리 애를 태우셨나요. 한갓 기생인 나를 잠시나마 그토록 마음에 품어준 것만으로도 고맙고 고마웠습니다.

오늘 넋두리가 길어졌습니다. 이제 그만 일어나야겠습니다. 사람들 입으로 전해져 오는 우리 이야기는 한낱 세간에 떠도는 소문에 불과합니다. 당신도 세상에서 이루지 못한 꿈과 응어리진 마음을 훌훌 털어내고 편안하게 잠드시길 바랍니다.

뭇 바람이 불어대는 봄날,

벽계수 이종숙 묘소를 찾아온 황진이 올림.

사릉의 봄

한 많은 사람은 죽어서도 죽지 못한다. 겹겹이 쌓인 서러움이 강물이 되어 한평생 가슴 속에 흐르다 침묵이 되어 잠든 곳, 그곳에도 어김없이 봄이 찾아왔다.

천마산 관음봉 언저리에서 뚝 떨어져 나와 섬처럼 작은 들판에 둘러싸인 그리 크지도 높지도 않는 야트막한 동산. 그 동안 사람의 발길이 닿지 않아서인지 정적이 고였다. 그 속으로 조심스레 발을 들여 놓았다.

소나무 숲 사이로 연둣빛 봄기운이 감돈다. 흐드러지게 핀 연분홍 진달래가 띄엄띄엄 보이는 봄 색이 내려앉은 고요한 숲길을 걸으니 솔향기가 먼저 가슴 끝에 닿는다. 실안개가 솔

숲에 어렴풋이 녹아 있으니 사람의 경계를 벗어나 한 폭의 산수화 속으로 들어온 기분이다.

숲길이 짧다. 곧바로 홍살문이 나타나고 그 뒤로 정자각과 비각이 보인다. 정자각 뒤로 봉긋하게 솟아오른 둔덕진 곳에 정순왕후의 초라한 능이 다소곳이 자리한다.

능의 삼면을 곡장으로 둘러놓았다. 왕비에서 폐위된 뒤 돌아가신 능이라 병풍석과 난간석, 무인석이 없고 문인석, 장명등, 혼유석은 작다. 세상과 단절되었던 능은 인고의 세월을 함께 버티어 온 구불구불하게 키가 큰 소나무에 에둘러 싸였다. 애달픈 이야기가 가슴 깊이 새겨지는 곳이지만 세상일을 다 잊은 듯 평화롭다.

정순왕후는 단종 비다. 여량부원군 송현수 딸로 태어나 단종 2년(1454년)에 15세 나이로 왕비가 되었다. 다음해 수양대군에게 왕위를 빼앗긴 단종이 노산군으로 신분이 강등되어 영월 청령포로 유배되고 왕비는 부인 격으로 낮아져서 민가로 쫓겨났다. 단종은 유배 중 17살 되는 해에 세조에 의해 죽임을 당한다. 1년도 함께 살지 못한 부부였는데 영원히 이별하고 말았다.

왕비는 세조가 내린 것을 모두 거절했다. 단종이 돌아가신 후에는 동대문 밖에 정업원이란 초가를 지어 살면서 매일 산봉우리에 올라가서 영월을 향해 가슴 속에 응어리 진 슬픔을 토해 내다가 중종 16년(1521년)에 82세의 나이로 돌아가셨다.

후사가 없었던 정순왕후에게 단종 누나인 경혜공주의 아들 정미수가 양자가 되었다. 그런데 정미수마저 후사 없이 일찍 죽고 만다. 정순왕후가 돌아가셨을 때는 정미수 후손인 해주정씨 문중에서 자신들 선산에 고이 모셨다. 그런 연유로 사릉에는 정미수와 그의 양자로 들여온 후손들의 묘가 곁에 있다.

그 후 숙종 24년에(1698년) 단종이 추복(追復)되었다. 그 때 부인은 정순왕후로 복원 되고 묘는 사릉으로 명명되었다. 살아생전 얼마나 단종을 그리워했으면 능 이름마저 사릉(思陵)이 되었을까 싶다.

원통한 한은 생이 멸하여도 변하지 않는 것일까. 갑자기 빗방울이 떨어진다. 500여 년을 참아왔던 정순왕후의 비통한 눈물 같아서 마음이 애잔하다. 후드득 거리는 빗줄기 사이로 때아닌 천둥소리가 요란하다. 자신의 억울한 심정을 세상을 향해 외치고 싶은지 천둥소리가 서너 번 머리 위에 맴돌았다.

7년 전 추운 겨울날이었다. 단종 유배지 청령포를 간 적이 있다. 소나무 숲이 울창한 청령포는 서쪽에는 육육봉이 우뚝 솟았고, 삼면은 서강이 감돌아 흘러 절해고도와 같은 육지의 섬이었다. 단종이 일상생활을 했던 어가와 관음송을 보고 노산대를 거쳐 부인 정순왕후를 그리며 망향의 탑을 쌓은 곳에 올라가 보았다. 벼랑 끝에 쌓아놓은 자그마한 돌무더기. 생가슴을 뜯어서 뽑아낸 그리움의 조각들이 모여 망부석이 되었고 절벽 아래에는 단종의 통곡을 삼킨 시퍼런 강물이 햇살에 반짝였다.

내친김에 단종이 잠들어 있는 장릉에 갔다. 강에 버려진 단종의 시신을 암장하는 자는 삼족을 멸한다는 어명에도 불구하고 영월호장 엄흥도가 찾아서 영월 엄씨 문중 땅에 남몰래 묻었다. 그곳이 바로 장릉이며 풍수에서 갈룡음수형(渴龍飮水形)이라는 명당자리다.

장릉은 복원된 왕릉이다. 정자각과 비각이 평지에 있고 능에는 사악한 기운이 근접 못하게 하고 싶었는지 높은 능선에 모셨다. 작은 능에는 곡장이 둘러졌지만 12지상과 난간석, 무인석이 생략되고 석물이 작고 수도 적었다. 주위 소나무가 장릉을 향하여 읍소를 하고 하루 종일 햇살이 드는 곳이라 죽어서도 흘릴 눈물을 말려줄 수 있을 것 같았다.

올해 초 조선 왕릉 3곳이 빗장을 열고 일반인에게 공개되었다. 경기도 구리 동구릉에 있는 18대 현종과 왕비 명성왕후의 능인 숭릉, 서울 노원구 공릉동에 있는 13대 명종이 잠든 강릉, 경기도 남양주에 있는 6대 단종의 비 정순왕후가 계신 사릉이다.

제일 먼저 사릉을 택했다. 사릉은 80년 대 초에 잠시 공개되었다가 관람객이 적어 운영상의 문제와 문화재 보호라는 차원에서 도로 비공개 되었다. 이번에 다시 긴 겨울잠에서 깨어난 정순왕후에게 청령포 이야기와 장릉에 있는 단종의 안부를 전하고 싶었다.

사릉이 잘 보이는 홍살문 앞에서 머리 숙여 나직이 속삭였다.

'청령포에 유배된 단종 임금님도 죽음보다 두려운 외로움과 당신이 보고 싶어 울며 지샌 날이 수없이 많았습니다. 오직 당신 만난 날만 기다리면서 울분을 삼키며 고난의 날들을 참고 참았지요. 비가 오나 눈이 오나 하루도 거르지 않고 벼랑길에 올라 서쪽 하늘을 바라보며 세월을 쌓듯이 돌탑을 쌓으며 당신과의 재회를 간절하게 기다렸습니다. 안타깝게도 금성대군이 벌인 단종 복위운동이 탄로 나서 사약을 받았을 때 세상을 뒤엎고 천륜을 져버린 세조에게 분통이 터져 치를 떨었습니다. 죽음도 무서웠지만 차마 당신을 두고 떠나지 못해 얼마나 발버둥을 쳤겠습니까. 돌아가시던 날 하늘이 울고 땅이 울었고 그날 밤에는 폭풍우가 몰아치면서 지척을 분간할 수 없는 검은 안개비가 내렸다고 하더군요. 천운을 거슬렀으니 하늘이 크게 노한 게지요. 다행히 엄흥도라는 의로운 호장 덕분에 장릉에 편안히 모셔졌습니다. 이별은 누구에게나 고통이지만 이제는 아파하지 마세요. 가슴에 담아둔 옹이진 한을 훌훌 털어버리고 마음 편히 계세요. 비록 육신은 사라졌지만 생멸을 초월해서 두 분의 마음은 서로 잇닿아 있다고 생각합니다. 사람들 가슴 속에 당신들의 이야기가 잊혀 지지 않는 한 당신들 사랑도 영원할 것입니다. 그 사랑은 억만 겁의 세월이 흘러도 우리들 마음에 길이 남을 것입니다.'

죽어서도 한자리에 묻히지 못한 그들의 이별이 봄바람처럼 서럽다. 그것을 아는지 사릉 능침 아래에는 '진실한 사랑'이란 뜻을 가진 보라색 제비꽃이 수도 없이 피었다. 단종을 향한 일편단심이 제비꽃으로 환생을 했나 보다. 못 다한 이승의 사랑을 다시 꽃피워 영원히 이별이 없는 곳에서 살아갔으면 좋겠다.

참배를 마치고 나오니 오락가락거리던 비가 그쳤다. 악몽 같은 먹구름이 물러가니 금방 환해진다.

뒤돌아보니 사릉의 봄빛이 무르익어 간다.

전설을 품고 있는 칠장사

폭설에 이어 북극한파가 기습적으로 내려왔다. 바람까지 기세를 더하니 체감온도가 영하 20도를 맴돈다. 온 나라가 꽁꽁 얼었다. 강추위에 적응 안 된 몸과 마음이 움츠렸던 며칠간이 몇 달이나 된 것 같다. 오랜만에 한기가 풀린 날 바람도 쐴 겸 칠장사로 향했다.

구름 한 점 없는 하늘이 쪽빛같이 푸르다. 칠장사를 품고 있는 칠현산 자락으로 들어오니 잔설이 제법 보인다. 조선중기에 만들어진 철당간을 지나 세속에서 흐트러진 마음을 한 곳으로 모아 진리의 세계로 향하는 일주문이 사찰 앞 상가마당에 덩그러니 섰다. 일주문 앞에 서니 청아한 겨울 냄새가 가슴으로 파고든다.

노랗게 물든 잎이 다 떨어진 앙상한 은행나무 언덕길을 올라 천왕문으로 향했다. 천왕문을 통과하니 바로 경내로 이어지지 않고 종무소 뒤꼍이 나왔다. 절의 역사가 평탄하지 않았음이 짐작된다. 오른쪽을 보니 범종각과 누각이 있고 누각 앞에는 단풍나무가 수호신처럼 양쪽으로 섰다. 그 사이에 절 마당으로 들어가는 길이 있다.

절 마당에 들어섰다. 대웅전에는 벌써 그늘이 진다. 가람배치가 동쪽을 향하다보니 한낮인데 오후처럼 보인다. 푸른 조릿대가 무성한 대웅전 뒷동산에는 새소리조차 들리지 않는다. 풍경소리도 멈추어버린 바람 한 점 없는 절 뜨락에 서서 대웅전을 바라보았다. 아늑한 산자락 아래서 천년이 넘는 세월을 품고 고즈넉하게 앉았다. 단청을 덧입히지 않은 낡은 모습에서 오히려 장중한 세월의 무게가 느껴진다.

대웅전 문고리를 조용히 당겼다. 문이 추위에 얼었는지 쉽게 열리지 않는다. 촛불 네 개가 밝히고 있는 빈 법당에는 석가모니불이 고개를 살짝 숙이고 구부정하게 앉아 인간세상을 내려다보신다. 간절한 소원을 안고 찾아오는 수많은 중생들을 굽어

살피려고 저리 되셨을까. 머리에 화려한 관을 쓴 협시보살인 제화갈라보살과 미륵보살이 마하가섭의 깨달음을 전하려는지 연꽃가지를 들고 계신 모습이 진지하다. 잠시 눈을 감았다. 선계와 속계가 공존하는 영겁의 시간이 흐른다.

칠장사는 경기도 안성시 죽산면 칠장리에 있다. 신라 선덕여왕 때 자장율사가 636년에 창건 했다고 전한다. 하지만 시기가 정확히 밝혀진 기록이 없고 문헌을 통해서 10세기경에 존재한 것으로 추정 할 뿐이다. 고려 현종 5년(1014)에 혜소국사가 왕명으로 중창하였고 우왕 9년(1383)에는 왜구의 침입으로 충주 개천사에 있던 고려 역대실록을 칠장사로 옮길 만큼 중요한 사찰이었다. 사찰이 오래된 만큼 우여곡절도 많았다. 공양왕 1년(1389)에는 왜구들이 전각을 몽땅 불태웠다. 100년 넘게 빈터로 남았다가 조선 중종 1년(1506)에 홍정대사가 다시 중건했다. 그 후 수차례 중건과 중수를 반복하면서 오늘날의 형태로 남았다.

사람들 발소리가 사찰의 정적을 깨뜨렸다. 오랜만에 날이 따뜻하니 부부와 연인들이 제법 보인다. 간혹 등산객도 산에서 내려와 참배한다. 자신의 소망을 축원하기 위해 법당 안으로 몸과 마음을 낮추어 드나드는 그들의 모습이 대웅전 꽃살문만큼 곱다.

칠장사는 오래된 만큼 많은 이야기가 전해져 온다. 고려시대 혜소국사가 일곱 명의 도적을 법력으로 교화시켜 현인으로 만들었고 혜소국사가 입적 하신 후 이들 모두 나한이 되었다. 칠장사와 칠현산의 이름도 이 설화에서 유래되었다. 궁예가 10세까지 활을 쏜 활터가 남아있고 임꺽정이 갖바치 출신 병해스님을 만나 스승으로 모신 곳이고 관군에게 쫓길 때 숨었던 곳이기도 하다. 명부전에는 궁예와 임꺽정 이야기가 벽화로 남아있다. 임꺽정은 병해스님이 입적하자 나무를 깎아 극락전에 모셨는데 이것을 꺽정불이라 한다. 꺽정불이 걱정과 발음과 비슷해서 그런지 사람들 사이에서 걱정꺼리를 없애준다고 소문이 났다. 나한전에 얽힌 어사 박문수 이야기도 유명하다.

칠장사에는 인목왕후를 빼놓을 수 없다. 선조의 계비였던 인목왕후가 여기에 머물면서 광해군에 의해 사사된 친정아버지 김제남과 자신의 아들 영창대군의 위패를 모시고 천도재를 크게 올렸다. 그런 일이 있은 후 인조반정이 일어났고 인목왕후는 대왕대비로 복귀되었다. 김제남과 영창대군도 복원되었다. 참고로 영창대군묘는 칠장사에서 직선으로 13km쯤 떨어진 안성시 일죽면에 있다. 인목왕후는 칠장사 부처님이 자신의 소원을 들어주었다며 법형스님이 오년 동안 그린 오불회괘불탱과 자신이 직접 쓴 금광명최승왕경 10권과 칠언시를 주지스님께 내려주었다. 오불회괘불탱은 국보 제 296호이며 4월 초파일과 10월 둘째 토요일 혜소국사와 인목왕후를 추모하는 날 칠장사 마당에 건다고 한다.

국사전을 지나 나한전으로 올라갔다. 언덕길에는 민주엽나무에서 떨어진 커다란 꼬투리가 눈 위에 어지럽게 떨어졌다. 얼어있는 눈길에 누가 모래를 정성스레 뿌려두었다. 얼음길에 미끄러져 고생한 적이 있어서 눈길을 걸을 때마다 모래를 뿌려준 사람이 고마웠다. 고마워한다는 것은 상대방에게 복을 축원하는 것과 같다. 더불어 남을 배려 할 때 생기는 행복이 스스로 축원해서 받는 복보다 더 큰 가치가 있다고 여겨진다.

나한전으로 오르는 언덕길 왼쪽에는 어사 박문수의 합격다리가 있다. 나무다리 양쪽에는 알록달록한 리본에 적힌 소원이 빼곡히 걸려있다. 천안시 입장면이 고향인 박문수는 세 번째 과거를 보기 위해 이 길을 통해서 칠장사로 왔다. 어머니의 간곡한 부탁으로 나한전을 찾아서 유과를 공양하고 절을 올린 뒤 칠장사에서 하룻밤을 잤다. 그날 밤 꿈에 나한전 부처님이 나타나서 과거시험 시제와 답안 일곱 줄을 가르쳐주며 마지막 한 줄은 네가 알아서 쓰라는 현몽을 했다. 과거시험에 나한전 부처님이 꿈속에서 가르쳐준 시제가 그대로 나왔고 박문수는 장원급제했다. 이 이야기가 전해지면서 입시철만 되면 자식의 합격을 기원하는 부모들이 나한전 문턱이 닳도록 찾아온다. 칠장사에서는 박문수를 기리기 위해서 2009년부터 해마다 "몽중등과시(夢中登科時)백일장"이 10월에 열린다.

등이 굽은 소나무 한그루가 나한전 뒤에 바짝 붙어있다. 땡볕에 앉아있던 나한님들이 더울까봐 나옹선사가 심어 놓은 거라고 한다. 그 후 조그마한 전각이 만들어져서 나한님이 눈비를 피했다. 다시 중건을 했는데 지금은 오백 나한전을 만들기 위해 불사를 접수중이다. 천년의 세월동안 다른 전각은 다 불탔어도 나한전은 한 번도 피해를 입지 않았다. 사람들 발길이 끊임없이 이어지는 신통한 나한전이다.

언덕 위에 있는 혜소국사비를 마주보고 섰다. 비문에는 혜소국사의 생애가 적혔다. 측면에는 금방 하늘로 날아오를 것 같은 용이 섬세하고 생동감 있게 새겨졌다. 귀두와 이수는 비각 곁에 나란히 두었다. 일곱 도적을 나한으로 만든 혜소국사는 굶주린 사람들을 보살피며 나눔을 실천하신 분이다. 칠장사에서는 그 나눔을 본받아 해마다 10월에 열리는 혜소국사와 인목왕후의 추모 다례재 때 어려운 분들에게 쌀과 장학금을 전달한다. 불자들의 시주를 절 재산으로 축적하지 않고 나눔과 소통을 실천하시는 주지스님이 혜소국사의 환생이 아닌가 싶다.

종무소 마루에 있던 팸플릿에는 주지스님에 대한 글이 있다.

가졌을 때보다 나눌 때 행복하다는 주지스님은 차도 없고 통장도 없다. 억지로 가질 게 없어서 행복하다는 스님은 칠장사에 일류카페보다 더 멋진 무료급식소를 세우는 게 꿈이라고 하신다. 무료 급식소를 찾아오는 사람들에게 아름다운 선율을 공양하기 위해 직접 피아노도 배우시면서 이곳이 진정한 나눔의 터가 되기 원하셨다. 자기희생적인 나눔을 실천하시는 주지스님이야말로 세상에서 가장 아름다운 향기를 품고 계시는 분이 틀림없다.

언덕에 서서 가람을 내려다본다. 따스한 겨울 햇살이 전각 지붕위에 가득하다. 느릿느릿 걸으면서 칠장사를 거쳐 간 옛 분들의 전설 같은 이야기를 따라 가다보니 어느새 해가 서쪽으로 기운다.

중생의 소외된 삶을 차별하지 않고 다 끌어안았던 칠장사에는 사람의 온기가 있다. 그 온기를 모두에게 나누어 주고 싶어하는 주지스님의 꿈이 꼭 이루어지길 두 손 모았다.

고려 임난수 장군과 세종대왕, 그리고 세종시

양화리에 봄이 왔다. 겨우내 앙상했던 은행나무 가지에도 연둣빛 잎이 축제의 함성처럼 일제히 돋아난다. 파릇한 잎사귀 사이로 싱그러운 봄바람이 분다.

지난 겨울 이곳에 처음 왔다. 금강8경중 하나인 합강정으로 가다가 예사롭지 않는 기와집과 시린 하늘로 곧게 뻗은 커다란 은행나무가 눈에 띄었다. 큰길에서 빤히 보이는데 신도시 개발중이라 들어가는 길목을 철제 바리케이드로 막아놓았다. 다른 길을 찾아 한참 헤매다가 들어온 이유는 은행나무와 오래된 기와집에 담긴 이야기가 궁금해서였다.

양화리에 들어서니 사람이 살았던 흔적은 산자락 따라 난 고샅길에 띄엄띄엄 서 있는 콘크리트 전봇대뿐이었다. 텅 빈 마을 어귀에는 말라버린 수풀 사이로 오래된 기와집과 은행나무만 가늘어진 오후 볕살을 받아 을씨년스럽게 서 있다. 간간히 들려오는 참새소리만 빈들의 고요를 흩어놓았다.

나목으로 선 은행나무 두 그루가 삼문 양쪽에 수문장처럼 섰다. 가을하늘을 황금빛으로 물들였을 무수한 은행잎은 땅에 떨어져서 찬 기운에 부스러져 퇴색되었고 금구슬처럼 빛났을 은행은 갈빛으로 쪼그라져 발 디딜 틈 없이 널려있었다. 뒤틀리고 옹이 지고 더러 가지가 부러지고 울퉁불퉁하게 골이 패인 은행나무에 700년이 다 되어가는 세월의 흔적이 고스란히 남았다.

삼문이 굳게 잠겼다. 삼문 옆 담장 곁에서 깨금발로 안을 훔쳐보니 현판에 崇慕閣(숭모각)이라고 쓰여 있었다. 뜰에는 쉽게 범접하지 못할 엄숙함이 가득 고였다. 다포식 공포에 번잡스럽지 않게 단청을 입힌 숭모각이 정면 5칸이다. 외진 곳에 생각보다 큰 사당이 있어 내심 놀랐다.

다시 찾아온 숭모각 주변에 봄볕을 받아 생기가 돈다. 파랗게 물 오른 잡초들 사이로 듬성듬성 난 민들레가 노란꽃을 피워 주변을 환하게 밝힌다. 온 천지 봄 냄새다.

봄이 깊어지는 동안 서너 번 더 숭모각을 찾았다. 알 수 없는 연민이 발길을 잡았기 때문이다. 그동안 하얀 꽃을 피운 개망초들이 잡초와 작당해서 안마당을 점령해버렸다. 고즈넉해야 할 사당에는 눈치 없는 참새들이 처마 끝 기왓장 속에 둥지를 틀어 떼지어 들락거리며 난전의 장사꾼처럼 시끄럽게 떠든다.

숭모각(崇慕閣)은 고려 말 충신 임난수(林蘭秀-1342~1407)를 제향 하는 사당이다. 장군은 전북 부안에서 아버지 임숙과 어머니 유씨 사이에서 4남 2녀 가운데 넷째로 태어났다. 장성해서 용성부원군 최유의 딸과 결혼하여 슬하에 다섯 명의 아들을 두었다. 서른두 살 때 최영 장군과 함께 탐라에서 말을 키우던 몽고인 난을 정벌하기 위해 그곳으로 파견되었다. 그 때 몽고인의 용병인 왜군에게 오른팔이 잘리자 잘린 팔을 화살통에 넣고 죽기를 각오하고 싸워 이겨서 큰 공을 세웠다. 사당에는 잘린 팔을 화살통에 담고 왼손으로 싸우는 그림이 걸려있었는데 임진왜란 때 소실되었다고 한다.

이성계가 조선을 건국하자 두 임금을 모실 수 없다며 낙향했다. 정3품에 해당하는 공조전서까지 올랐지만 고려 멸망을 보고 충청도 공주목 삼기촌인 지금의 세종시 연기면 양화리에 거처를 정했다. 이성계가 여러 번 벼슬을 주며 불렀으나 응하지 않고 고려에 대한 절의를 지켰다. 그 때 고려를 생각하며 심은 암수 은행나무 두 그루가 거목이 되어 충절의 상징이 되었다. 임난수 장군은 날마다 마을 뒤 전월산에 올라 고려와 고려 임금을 그리다가 1407년(태종7) 6월 21일 생을 마쳤다.

나무도 주인을 닮는 것일까. 은행나무는 1910년 한일합방 때와 1950년 6.25전쟁 때 등 나라에 큰 변고가 생길 때마다 울었다. 특히 일제 강점기 때 일본인들이 은행나무를 베려고 할 때 나무에서 우레 같은 큰소리가 나서 모두 놀라 도망갔다고 한다. 녹음이 짙어가는 은행나무 아래서 장군의 강직했던 삶을 떠올려 본다.

망국의 서러움은 서릿발 같은 기개도 허물어버렸다. 임난수 장군은 고려에 의리를 지키기 위해 스스로 양화리에 고립되어 인고의 세월을 보냈다. 고려에 대한 그리움도 한도 속절없이 보낸 시간들이 은행나무에 오롯이 남았다. 서로 마주보면서 굴곡진 나라의 흥망성쇠를 함께 버텨 온 은행나무를 어루만지니 그분의 애달팠던 마음이 전해져 오는 것만 같다.

영웅의 업적은 세월이 흘러도 빛나야 한다. 송시열은 임난수 묘를 보수할 때 지은 비문에다 정몽주, 길재에 이어 고려의 3충신이라고 칭송했다. 생각만 해도 경외감이 드는 고결한 장군의 존재를 숭모각에 와서야 알았다. 초야에 묻혀서 나라 잃은 한을 가슴에 품고 의롭게 살다간 올곧은 인품은 널리 회자

되어야 마땅하지 않는가. 자신의 안위보다 절의를 지킨 지조 있는 삶은 물질만능이 판치는 현대사회에서 두고두고 되새겨 볼 일이다.

훗날 임난수 장군의 충성스러운 절개가 세종대왕께 전해졌다. 세종은 1419년에 임난수 장군을 불천지위로 모시라고 명하면서 사패지를 하사하고 사제문(賜祭文)에는 '시기를 도울만한 기략을 운영하고 세상을 덮을만한 공훈을 세웠다'라고 칭찬하였다. 그 때 내린 땅이 세종 신도시가 들어서는 곳 대부분이라고 한다. 이것을 보면 이곳에 세종대왕의 이름을 딴 세종시가 들어서게 된 것이 우연한 게 아니라 필연이라 여겨진다. '먼 훗날 그곳에 내 이름으로 지어질 도시가 들어설 테니 그동안 내가 내린 땅을 잘 관리하고 있다가 때가 되면 다시 돌려주기 바란다.'라는 선견지명으로 주신 것이 아니었을까.

장군이 돌아가신 후 600여 년을 돌고 돌아 고려도 조선도 아닌 대한민국 세종시에서 세종대왕과 임난수 장군이 만났다. 세종시는 6개의 생활권이 들어서는데 한글을 창제한 세종임금의 뜻에 따라 생활권역마다 전래명칭을 바탕으로 해서 순우리말로 동 이름과 마을 이름, 도로명과 학교 공원 다리 이름을 지었다. 세종대왕을 딴 세종로, 임난수 장군 이름을 딴 난수로가 있다.

임난수 장군은 고려를 생각하며 날마다 전월산에 올랐다. 전월산에는 장군의 손길이 닿은 유적지 용샘 · 부왕봉 · 상여바위가 있다. 저무는 봄을 등지고 그분의 발자취를 따라 녹음이 짙어가는 전월산에 오르기로 했다.

전월산 이름에는 절묘한 뜻이 담겼다. 달이 뜰 때 금강과 미호천이 만나는 합강지점을 산에서 내려다보면 물에 비친 달이 삼태극 모양으로 뱅글뱅글 돈다고 해서 지어진 이름이다. 산 정상은 달뿐만 아니라 해돋이와 해넘이를 볼 수 있는 명소다.

전월산은 높이 260m로 낮고 작다. 멀리서 바라보면 뾰족하게 솟은 산 중턱을 가로로 싹둑 자른 것처럼 숭모각 기와지붕을 닮았다. 산마루는 수평으로 평평하지만 오르는 길이 꽤 가파르다. 숭모각을 거쳐 들머리에 장승처럼 서 있는 돌배나무를 지나니 시원한 숲 그늘이다. 산속에 들어서니 나무들이 뿜어내는 청량한 숲 향기가 길 위에 자욱하다. 뻐꾹새 소리를 들으며 천천히 산길을 걸었다.

세상과 단절된 산비탈을 매일 걷는 것은 고행이다. 장군은 가파른 길을 혼자 걸으면서 누구에게도 털어놓지 못한 울분을 토했지 싶다. 나라와 임금을 잃었는데 어찌 분하고 억울한 마음이 없었을까. 마음을 삭히고 눈물을 삼키면서 홀로 걸어갔던 길. 한숨으로 얼룩진 그 길을 따라 걸으니 발걸음이 숙연해진다.

땅속으로 돌담을 쌓은 용샘을 보고 정상인 부왕봉에 올랐다. 임난수 장군은 하루도 빠짐없이 용샘 물을 정안수로 떠 놓고 부왕봉에서 고려 임금을 향해 절을 올렸다. 지금은 휴식처로 변했지만 장군의 땀과 눈물이 고여 있던 서러운 곳이다.

부왕봉에 서니 고양시 원당 왕릉골에서 보았던 공양왕 능이 떠올랐다. 폐위된 공양왕은 유배지 삼척에서 살해되어 묻혔다가 조선 왕실에서 시신을 확인하고 고양시 견달산 자락에 다시 묻었다고 하고 왕릉골에서 돌아가셨다고도 한다. 무엇이 사실이든 간에 고릉(高陵)이라는 능호가 있지만 작은 골짜기 한적한 길가에 빨간 울타리만 낮게 쳐져 있을 뿐 촌부의 무덤 같이 작고 초라했다. 그 근처에 있는 세종대왕의 서자 6남 수춘군 무덤보다 보잘 것 없었던 고릉. 공양왕의 비참한 최후를 전해들은 임난수 장군의 심정은 어떠했을까.

상여바위는 부왕봉에서 북쪽 능선으로 약 200m 가면 있다. 임난수 장군은 북쪽이 잘 보이는 이 바위에 앉아 망한 고려를 생각하며 하염없이 슬픔에 잠겼다고 한다. 고려를 생각했던 바위라고 해서 붙여진 상여바위 틈에는 홀로 선 소나무가 희한하게도 북쪽으로만 가지를 뻗었다.

산마루에 서서 하늘을 올려봤다. 서쪽으로 기운 태양 아래쪽에 반원으로 된 오색채운이 나타났다. 그것도 정부세종청사 바로 위에 떴다. 상서로운 오색채운이 정부세종청사 위에 뜬 것은 나라의 평안을 기원하는 임난수 장군의 간절한 바람 덕분이지 싶다.

전월산에서 바라본 세종시는 평화롭기 그지없다. 승천하는 용을 형상화 한 정부세종청사 건물 주변으로 제1생활권인 30층 높이의 아파트가 즐비하고 제2생활권과 제3생활권에서는 아파트 공사가 한창이다. 2030년까지 인구 80만의 대도시로 만들 계획이라 하루가 다르게 새 건물들이 치솟고 있다. 장군이 살던 때와 비교하면 천지가 개벽되었다. 세월의 무상함이 이런 것일까. 임난수 장군과 나는 같은 곳에 서서 다른 풍경을 본다.

전월산 옆으로 금강이 흐른다. 비단결 같은 금강과 넓은 들판이 있는 세종시는 어렵과 농경생활을 병행할 수 있어 구석기 시대부터 사람이 살았던 천혜의 자연조건을 갖춘 도시다. 거기다 원수산 괴화산 전월산과 미호천 금강이 있어 삼산 이수가 있는 명당으로 꼽는다. 이런 명당에 세워진 세종시가 작금의 정치로 의도된 것이라 하더라도 원조 연출자는 세종대왕이다.

이곳에 정부세종청사가 들어서고 우리나라 최대 인공 호수와 신도시가 탄생되었다. 주거 공간도 자연을 그대로 수용해서 만들었기 때문에 녹지 공간이 50%가 넘는 살아있는 생태도시다. 호수공원과 금강 변 사이에는 국립중앙수목원도 도심형으로 건립될 예정이다.

세종특별자치시가 들어서면서 양화리는 세종리로 지명이 바뀌었다. 택지 조성으로 양화리 부안 임씨 세거지에서 숭모각을 둘러싸고 옹기종기 살았던 장군의 후손들은 어디론가 뿔뿔이 흩어졌다. 그들의 숨결이 스민 집터에는 잡초만 우거지고 구불구불한 에움길만 덩그러니 남았다.

600여 년 전, 전월산 아래서 임난수 장군은 부귀영화를 다 버리고 오로지 고려와 고려의 임금을 그리면서 살다 가셨다. 세종시라는 거대한 태동을 품에 안고서.

그리하여 어느 날

5부

인생꽃
허기
어쩌다가
배초향
묵언 수행
고향으로 가는 배

인생꽃

날마다 천변을 산책하면서 저녁노을을 마주한다. 해를 품은 노을이 오늘도 서쪽 하늘을 능소화 꽃빛으로 물들인다. 연방 숨이 넘어가는 다홍빛 해는 오늘따라 하늘에 떠 있을 때보다 훨씬 크고 웅장하다.

장엄한 일몰 풍경이 인생의 노년기 같아 보여서 마음이 애잔해진다. 노년은 나이든 사람만의 문제가 아니다. 젊은 세대도 결국에는 노년에 다다르니 전세대가 고민해야할 숙제다. 어떻게 해야 후회 없는 노년을 맞이하게 될까.

노년기는 6070세대와 8090세대로 나눌 수 있다. 8090세대는 일제강점기 때 태어나서 나라 잃은 설움과 핍박을 받다가

광복 후에는 6.25 전쟁까지 겪는 격랑의 세월을 살았다. 6070세대는 6.25 전쟁 전과 후에 태어나서 허기진 배를 참아가며 과밀 교실에서 다다귀다다귀 엉겨 붙어서 공부를 하면서 자랐다. 더러는 월남 파병 가서 목숨과 맞바꾼 돈을 벌었고 일자리를 찾아 광부와 간호사가 되어 독일로 떠났다. 또 많은 사람들이 뜨거운 모래바람이 부는 중동의 건설 현장으로 달려갔다. 척박한 환경에서 고군분투했던 그들의 부지런한 근성과 맞바꾼 고귀한 돈이 경제개발의 밑거름이 되었고 나라를 부흥시켰다. 그런데 난데없는 외환위기가 닥치는 바람에 수많은 회사와 가정이 풍비박산 났다.

외환위기 피해가 고스란히 2030세대에게 영향을 주었다. 그들이 자랄 때 사회와 가정이 재정적으로 어려워서 지금 안정적으로 사회활동을 하고 있는 4050세대에 비해 혜택을 제대로 받지 못했다. 그렇게 자란 2030 청년들이 심각한 취업난에 내몰렸다. 집값마저 폭등해서 결혼을 포기한 젊은이가 수두룩하다. 연애, 결혼, 출산, 내 집 마련, 인간관계, 꿈과 희망까지 포기한 7포 세대가 되어버렸다. 그들 사이에서 '이생망'(이번 생은 망했다)이란 말까지 생겼다. 앞날이 창창한 젊은이들의 푸른 삶이 무자비하게 무너졌다. 당장 먹고 살기도 힘든 그들의 노후는 누가 책임져야 할까.

6070세대는 자식 교육에 올인 하다가 자신의 노후를 준비하지 못한 사람이 부지기수다. 은퇴 후 제 밥그릇 챙기기도 힘이 드는데 부모를 봉양하면서 취업과 결혼을 못한 캥거루족 자식까지 건사해야 하는 낀 세대가 되어 고달프게 살아간다. 허리 한번 펴지 못하는 6070세대는 제 힘에 부쳐 숨이 넘어갈 지경이다.

노후가 준비된 사람들은 자신의 여생을 걱정 없이 보낸다. 그런데 그런 사람이 많지 않다는 게 문제다. 밥을 굶지 않을 만큼의 연금이라도 받는 사람은 그나마 다행이다. 최저 생활비조차 없는 사람들은 늘그막에 쉬지도 못하고 언제 잘릴지 모르는 단기 일자리에 내몰려서 빠듯하게 살아간다. 신노년이란 말이 무색하게 현실적인 삶은 녹록하지 않다. 백세 시대에 그들은 절대빈곤에 빠지지 않으려고 날마다 발버둥친다.

그들의 꿈은 소박하다. 자신의 집에서 생활비 걱정 없이 김이 모락모락 나는 따뜻한 밥을 먹고 마음 편히 여생을 보내는 것이다. 사치스러운 욕심도 아닌데 현실은 그렇지 못하다. 집 없는 사람들은 치솟는 집값 때문에 전세에서 월세로 밀려났다. 제 몸 하나 편히 쉴 곳이 없어서 쪽방촌까지 쫓겨나 고단한 육신을 뉘이고 무료급식소를 전전 하면서 끼니를 해결하는 노인들도 있다. 햇빛 한줄기 들어오지 않는 컴컴한 방에서 회한의 한숨 속에 사는 그들의 속울음을 그대들은 들어보았는가. 청춘도 꿈도 사그라진 젊은 날의 허상을 안고 하루하루 연명하는 비참한 삶이 버거워서 스스로 생을 마감하는 경우도 더러 있었다. 사회적으로 구제 받지 못하고 곪아서 진물이 흐르는 속내를 털어놓을 곳이 없는 우리나라 노인들 자살률이 OECD에서 가장 높다. 누가 그들을 벼랑 끝으로 내몰았을까.

안정적인 생활과 노후를 위해서 집이 차지하는 비중이 크다. 그런데 서울 도심 집값이 세계에서 두 번째로 비싸졌다. 20대는 월급보다 더 빠르게 오르는 집값 때문에 취직을 미루고 부동산 투자 공부로 몰려든다. 30대는 대출규제 강화로 금융권에서 돈을 빌리기 어려워지자 영혼까지 끌어 모아서 집을 사야 한다는 '영끌'에다 빚내서 투자한다는 '빚투'까지 생겼다. 그들은 평생 내 집 없이 살아야 하는 미래가 두려워서 어떻게 요동칠지도 모르는 주택 시장으로 불나방처럼 뛰어들었다. 거기다가 모래성 같은 주식시장까지도 기웃거린다. 자신들의 든든한 노후를 위해서 홀로서야 하는 2030세대들의 삶의 목표가 집이 되어버렸다.

집 한 채가 소원인 2030세대와 집 한 채만 가지고 노년을 보내는 6070 세대 모두 저주받은 세대라고 말을 한다. 나이는 상반되면서 어렵게 이 시대를 살아가는 점이 서로 닮았다. 돈을 쫓아가는 젊은 세대나 돈이 아쉬운 노년 세대 모두 돈 때문에 골머리를 앓는다. 이들은 다른 세대들이 경험하지 못한 청년기와 노년기를 살아가는 첫 세대가 되었다.

2030세대와 6070세대는 집에 대해 할 말이 많다. 집 없는 2030세대는 자신들을 '벼락거지'라 부르고 수입원은 없고 집만 하나 있는 6070세대들은 스스로 '가난한 부자'라고 한다. 집값 폭등으로 집이 있는 자는 더 부자가 되었고 집이 없는 자는 더 가난해졌다. 똘똘한 집 한 채가 신분을 상승 시키는 금수저가 되어서 사람들의 사회적 신분을 다주택자와 유주택자 무주택자로 나누어버렸다. 그뿐만 아니다. 집이 있는 사람들은 아이들 키우면서 살던 집에 계속 살고 있었을 뿐인데 집값이 올라 보유세가 늘었다고 하소연 하고 남들 다 오른 집값이 자기만 오르지 않아서 상대적 박탈감을 느낀다는 경우도 많다. 집값이 사람들 마음까지 분란 시키는 악재가 되었다. 이제 서민들이 중산층으로 오를 수 있는 사다리도 사라졌다. 미래가 준비되지 않는 2030세대와 6070세대에게 인생은 살얼음판이다.

집의 본질은 거주가 목적이다. 혈육의 냄새가 진하게 베여 있는 모천 같아서 나들이에서 되돌아오게 만드는 공간이다. 가족의 온기가 함박꽃처럼 피어나서 지친 몸을 위로 받는 편안한 쉼터다. 식구끼리 머리를 맞대고 끼니를 나누어 먹으며 치열한 바깥세상에서 살아남을 수 있도록 생명력을 쌓아가는 터전이다. 세대를 이어져 전해질 가문의 내력과 그와 동급인 대대로 내려온 집안의 음식은 자손들의 입맛에 길들러져서 혈통의 영원성을 이루어가는 경건한 시공간이다. 인간이 신에게 부여받은 종족보존의 위대한 과업을 완성해가는 거룩한 성전이다. 이렇게 신성한 집의 의미가 부의 척도나 재산을 축적하는 기능으로 타락해버렸다.

들썩거리는 집값이 부추겨서 앞날이 뿌연 안개처럼 보이지 않는다. 돈이 주도권을 가지고 세상을 움직이는 현실이 이상과 달라서 많은 사람이 갈등한다. 공부를 열심히 했다고 인생이 달라지는 것도 아니고 평생 부지런히 일했으나 노년이 편한 것도 아니다. 불확실한 미래가 사람들을 불안하게 만들었다. 그렇다보니 인생 한방의 기회를 노리는 꼼수만 만연해졌다.

모든 세대가 저마다 삶은 다르지만 지향하는 것은 같다. 안정된 생활과 편안한 노후다. 노년에 이 평범한 바람조차 이루지 못하는 사람들 가슴에는 질풍노도로 다가왔던 외환위기와 집값 폭등이 상처가 되어 옹이처럼 박혔다. 미루나무처럼 쭉쭉 뻗어 올라가야 하는 젊은 세대들에게도 생의 시작과 과정이 풀리지 않는 넝쿨이 되어 단단히 엉켰다.

삶이 버거워도 쓰러지지 말고 마음을 단단히 붙들어야 한다. 일찍이 당나라 황벽선사가 '不是一番寒徹骨(부시일번한철골) 爭得梅花撲鼻香(쟁득매화박비향) 한차례 뼈를 뚫는 추위를 겪지 아니하고 어찌 코끝을 찌르는 매화향기를 얻어리오'라고 말하지 않았던가. 혹독한 추위를 겪은 씨앗이 풍성한 꽃을 피우고 야무진 열매를 맺듯이 이 어려운 시기가 인생을 값지고 튼실하게 꽃피워줄 춘화현상일지 모른다. 땡고추같이 매서운 이 고비를 잘 버티어내서 삶의 끝자락에는 노을빛 닮은 환한 꽃을 피워볼 일이다. 매화보다 더 향기로운 인생꽃을 말이다.

삶의 물음표를 가슴에 품고 봄바람이 불어오는 노을 지는 천변을 천천히 걸었다. 하늘을 품었던 냇물 속으로 저녁노을빛이 번진다.

허기

요즘은 먹을거리가 넘쳐서 비만을 걱정하는 시대다. 건강을 위해 과식하지 않으려고 끼니때마다 양을 조절하는 사람들도 많다. 이렇듯 식재료가 넘쳐나는데 땟거리가 없어서 허기지는 사람과 미물들이 있다.

〈하나〉

봄바람이 살랑대는 오후였다. 화사한 벚꽃잎이 하늘거리는 정동길을 기웃거리며 걷다가 덕수궁 돌담길을 돌아 나오니 빌딩 그림자가 길어졌다. 요기라도 할 요량으로 북창동으로 들어서니 각양각색의 간판을 단 식당들이 즐비했다. 적당한 곳을 찾으려고 이리저리 간판을 훑어보다가 충격적인 장면에 눈길이 멈추었다.

스산한 저녁바람이 휘도는 구석진 골목 어귀에 한 남자가 폐기물처럼 쪼그리고 앉아있었다. 꾀죄죄한 까만 코트를 입은 오십 줄은 되었을 사내의 초췌한 갈빛 얼굴에 긴 머리카락이 검불처럼 엉클어졌다. 형색이 초라해도 시뇨리아 광장에서 봤던 미켈란젤로의 다비드 조각처럼 이목구비가 또렷했고 키가 훤칠했다. 근처 족발집에서 내다버린 뼈다귀봉투 두 개가 보물단지처럼 앞에 놓였다. 가늘고 긴 손가락으로 그 중 하나를 허겁지겁 뜯어서 뼈다귀에 실낱처럼 붙어있을 살점을 찾아 야생의 짐승처럼 헤집었다.

얼마나 굶었을까. 남자는 남들이 핥다 버린 차가운 뼈다귀가 자신의 생명을 이어줄 소중한 음식이라는 것에 감지덕지하는 모양새다. 허기가 빈속을 할퀴는지 먹이에만 초점이 맞추어진 동물이 되어버렸다. 골목길에서 몇 걸음만 나오면 10차선 도로가 있는 번화가인데 남자는 바퀴벌레처럼 어두운 구석에 숨어 먹이에만 몰두한다.

삶의 고비에서 말 못할 회오리바람이 불었겠다 싶다. 한때는 귀한 자식으로 태어나서 부모님 사랑을 넘치도록 받았을 테고 남편으로 아비로 살았을 것이다. 그렇게 세월이 흘러가는 대로 평탄하게 살지 못하고 먹이를 찾아 헤매는 하이에나처럼 이 골목 저 골목을 어슬렁거리며 자신의 인생을 송두리채 내팽개쳤다.

허기를 면하기 위해 자존심도 버린 그 남자. 주린 배를 안고 지금은 어느 골목길을 누비고 있을까.

〈둘〉

단풍이 곱게 물드는 가을날 인왕산자락에 올랐다. 독립문역에서 내려 아파트 담벼락을 따라가니 도심과 동떨어진 생경스러운 풍경이 나타났다. 오르막 길 한가운데에 인왕사 일주문이 버티어 섰고 그 안동네에는 예닐곱 개 남짓한 각기 다른 절이 자리 잡았다.

가파른 길을 올라 좁은 골목길로 들어서니 국사당이 나왔다. 조선시대 임금이 기우제와 기청제를 지냈던 국사당은 원래 남산 팔각정 자리에 있었는데 일제강점기 때 이곳으로 옮겼다. 국사당 뒤에는 신령스러운 바위가 있다. 이성계가 한양에 도읍하고 도성을 쌓을 때 이 바위를 성 안에 넣을지 말지를 놓고 무학대사와 정도전이 언쟁을 벌인 것으로 유명하다. 고심하던 이성계 꿈에 한양에 눈이 엄청 내렸는데 흔적 없이 녹은 곳이 있었다. 그 꿈을 예지몽이라 여겨 그곳을 경계선으로

성을 쌓으면서 바위는 도성 밖으로 밀려났다. 지금은 무속신앙의 대상이 되어버렸지만 역사를 간직한 이 바위가 궁금해서 찾아왔다.

국사당을 지나 계단을 오르니 짙은 잿빛 큰 바위가 나타났다. 붉게 타는 노을을 배경으로 절규하던 뭉크의 그림 속에 사람처럼 바위도 노을빛으로 단풍드는 인왕산 산중에서 인간의 고통을 대신 껴안았는지 섬뜩하게 일그러진 모습이 괴기했다. 애간장이 녹았는지 앞가슴 여러 구멍에는 비둘기들이 삼삼오오 앉아서 가을햇살을 쬐고 있었다.

사람들은 이 바위가 장삼가사를 입은 스님을 닮았다고 해서 선바위(禪巖)라고 부른다. 선바위 뒤로 돌아가 보니 해괴한 앞 모습과 달리 영락없이 참선에 든 스님 두 분이 멀리 속세를 바라보는 형상이다. 온갖 권모술수가 낭자한 인간세상을 바라보면서 무슨 생각을 하고 계실까.

스님의 머리 부분에 요상한 쇠붙이들이 박혔다. 산비둘기가 앉지 말라고 그들이 싫어하는 화학물질을 담았던 접시다. 선바위를 정갈하게 보존하기 위해서 스스로 바위를 훼손한 인간의 아이러니한 발상을 비웃기라도 하듯이 불경스러운 산비둘기들이 스님 머리에 올라앉아 아무렇게나 배설물을 내질렀다. 불교의 핵심 교리가 살생을 금하는 것이라서 스님도 아무렇지 않은 듯 옷자락으로 더러운 오물을 받아내고 있었다.

비둘기들은 사람들이 몰려와도 달아나지 않았다. 오히려 사람들을 기웃거리며 주위를 맴돌았다. 누군가 과자 부스러기를 던져주니 떼거리로 몰려와서 먼저 낚아채는 꼴이 아귀다툼이다. 굶으면 죽는다는 것을 아는 본능적인 행동이 치열하게 제 밥그릇 챙기기에 바쁜 인간들과 다를 바 없다.

인기척이 사라지자 서너 마리씩 제단으로 모여들었다. 사람들이 간절한 속내를 축원하면서 선바위 스님께 공손하게 바친 공양미에 앉아서 작은 부리로 힘껏 비닐봉지를 쪼기 시작했다. 봉지가 터지니 너도나도 우르르 몰려들어서 제 것인 양 능청스럽게 먹었다. 배고픔을 면하기 위한 도둑질이라 스님도 용서하시지 싶다. 가난은 나라도 구제 못한다고 하는데 허기진 인왕산 산비둘기들을 선바위가 날마다 거두고 있었다.

〈셋〉

집 근처 대학교 큰 연못에는 백조 한 마리와 거위 세 마리가 산다. 거기에 어미가 이소(離巢)를 할 때 미처 따라가지 못한 병아리만한 흰빰검둥오리 새끼 한 마리가 연못을 반쯤 덮어버린 무성한 연잎 사이에 숨어 지냈다. 장마철 어두운 밤에 어미와 형제자매가 흔적도 없이 사라져도 그 사실을 아는지 모르는지 물가에 날아드는 하루살이와 소금쟁이를 잡으며 혼자서도 바빴다. 한여름을 지나면서 겁이 생겼는지 거위들을 어미삼아 졸졸 따라다녔다. 어둠이 내리면 연못 속에 솟아있는 작은 바위에 올라 거위와 가족처럼 함께 잤다. 밤낮으로 따라다니는 오리새끼가 성가신지 거위는 가끔씩 대놓고 꽥꽥거렸다.

연못 동쪽 가장자리에는 나무데크로 만든 널따란 반달모양 수상무대가 있다. 그 아래 빈 공간은 통째로 철조망을 쳐놓고 끄트머리에 쪽문 하나를 만들어서 백조와 거위의 보금자리로 만들었다. 쪽문이 늘 열려있어도 철조망 안이 갑갑한지 봄부터 가을까지는 아무도 그 안에서 잠자지 않았다. 커다란 원형 먹이통에는 며칠에 한 번씩 관리자가 먹이를 한가득 채워 놓으면 배가 고플 때만 들어갔다. 흰뺨검둥오리는 거위가 밥을 먹고 있으면 그 주변을 맴돌며 기다리다가 거위가 철조망 밖으로 나오면 살금살금 안으로 들어가 눈칫밥을 먹으면서 근근이 살아갔다.

그해 늦가을에 몸집이 작은 잿빛 왜가리 한마리가 연못에 왔다. 평소에도 쇠백로와 왜가리들이 들락거리는 터라 놀러왔나 싶었는데 어느 날부터 매일 연못 한가운데 있는 분수대에 신사처럼 의젓하게 앉아있었다. 겨울을 나기 위해서 이곳에 정착한 것 같았다. 연못에는 잉어와 작은 붕어가 셀 수 없이 많아서 왜가리가 겨울을 날 먹이로 충분했다.

겨울이 오고 날이 추워졌다. 오고가던 새들의 발길도 뜸해졌다. 몸집이 커진 넉살좋은 흰빰검둥오리는 늘 그랬던 것처럼 한 줄로 헤엄치는 거위들 꽁무니에 붙어서 막내처럼 따라다녔다. 낯가림이 심한 왜가리는 사촌기쯤 접어들었는지 이들과 어울리지는 않았다.

겨울이 깊어지면서 중심부터 얼어오던 얼음영역이 점점 넓어졌다. 분수대에 있던 왜가리가 며칠 동안 거위 둥지가 있는 철조망 앞에서 차가운 물에 발을 담근 채 서 있었다. 찬바람을 피하면서 따뜻한 햇볕을 쬐는 것 같기도 했다. 햇살이 잘 드는 철조망 안에는 배부른 거위와 흰빰검둥오리가 느긋하게 제 몸에 얼굴을 파묻고 낮잠을 즐겼다.

며칠 뒤였다. 그날은 하늘이 얼 정도로 엄청나게 바람이 불었다. 추운 밤을 왜가리가 어떻게 견디어냈는지 궁금했다. 아침에 연못에 가보니 보금자리 앞 가장자리만 조금 남겨놓고 연못이 꽁꽁 얼어붙었다. 철조망 기둥 곁에 서 있던 왜가리가 보이지 않았다. 다른 곳으로 날아갔나 싶다가 다시 살펴보니 부동의 자세로 서 있던 그 자리에 고부라져서 물속에 반쯤 잠겨 있었다.

사흘을 굶으면 남의 집 담장을 안 넘을 사람이 없다는 말이 있다. 굶주림이 그만큼 참기 힘들다는 뜻이다. 연못 근처에 사는 까치들도 배가 고프면 쪽문으로 당당하게 들어가 밥을 훔쳐 먹고 참새들은 수십 마리가 한꺼번에 날아와 철조망 작은 구멍으로 드나들면서 제 밥인 양 먹고 간다. 왜가리는 눈앞에 있는 먹이를 빤히 보면서도 철조망 밖에서 허기를 견디다 숨을 거두었다. 죽음보다 중요한 것이 남의 밥그릇을 탐하지 않는 마음가짐이었을까. 세상에는 가진 사람들이 더 갖지 못해서 안달하는 경우도 많은데 올곧은 어린 왜가리는 청렴결백하게 생을 마쳤다.

춥고 배고픈 것만큼 서러운 게 없다. 우리 민족에게는 주린 배를 움켜지고 넘어온 눈물겨운 보릿고개 시절이 있었다. 지금은 그때와 비교할 수 없을 만큼 먹거리가 풍족하다. 그래도 허기 질 때가 있다. 풍요 속의 빈곤. 이것은 배가 고프다는 생리적인 문제가 아니라 각박한 사회가 정서적으로 가난한 탓이지 싶다. 이런 시대에 살고 있는 우리는 모두가 인간적인 정에 허기진 타인들이다.

어쩌다가

예정대로라면 오월에는 내설악 산길을 걷고 있어야 했다. 아침이슬처럼 순결한 신록의 물이 흐르는 영실천을 따라 걸으면서 하늘을 덮고 있는 풋풋한 잎사귀가 보고 싶었기 때문이다. 싱그러운 초록 물결이 넘치는 그 길을 오세암까지 쉬엄쉬엄 오르려고 지난해 가을부터 계획을 짜두었던 터다. 봄이 가고 여름이 왔지만 아직도 가지 못하고 있다.

듣도 보도 못한 신종 코로나바이러스가 발목을 잡았다. 중국 우한에서 발생해서 활개를 칠 때 강 건너 불구경하듯이 날마다 뉴스만 봤다. 전염력이 빠른데다 치료약과 백신이 없으니 급속도로 환자가 쏟아지고 죽어나갔다. 혼란에 빠진 중국은 전염병을 막기 위한 궁여지책으로 우한을 봉쇄하는 극약처방을 내놓았다. 사람들은 집밖에도 나오지 못했다.

고약한 역병이 삽시간에 전 세계로 퍼졌다. 나라마다 풍토병처럼 번져서 일상생활은 물론이고 사회적 관계가 무너지고 경제활동마저 제동을 걸었다. 중국만의 문제가 아니라 온 인류에게 닥친 재앙이 되어버렸다. 우리나라도 확진자가 급속히 늘어갔다.

코로나19가 확산하는 중국 실상을 똑똑히 봤기 때문에 손 놓고 있을 수만 없었다. 우한이 폐쇄되었을 때 먹거리가 없어도 외출 못하는 장면이 충격적이어서 부리나케 고기와 야채를 사다가 냉동시켰다. 마트에서 마스크 안 쓴 사람이 다가오면 바이러스 보균자인양 무서워서 피해 다녔다. 외출하기 찜찜할 때는 온라인으로 먹을거리를 주문했다. 서너 달은 집안에서 버틸 수 있도록 머릿속에 떠오르는 생필품들을 사재기 시작했다. 빈 방에는 물건들이 쌓여갔다. 그래도 불안했다.

모자와 장갑, 마스크로 완전무장을 하고 집 앞 약국에 갔다. 만약을 위해서 상비약을 준비하려고 해열제와 소화제를 달라고 했다. 먼저 와 있던 청년이 나를 보더니 흠칫 놀라면서 뒤로 주춤거렸다. 나는 처방약을 기다리는 파리한 그 청년이 되레 의심스러워졌다. 서로 마스크는 했지만 혹시나 싶어서 몇 날을 마음 졸였다.

우리 지역에도 확진자가 나왔다. 사람들과 접촉하지 않으려고 가시를 꼿꼿하게 세운 고슴도치처럼 웅크리고 뉴스로만 바깥세상을 살폈다. 스스로 집안에 갇혀서 위리안치 되었지만 공격적으로 자신을 방어하는 게 상책이지 싶었다. 사회적 거리두기를 시행할 때는 자식도 만나지 못하고 전화로만 안부를 주고받았다. 딸과 아들은 점검을 하듯이 수시로 전화해서 절대로 집밖으로 나가지 말라고 신신당부했다. 봄에 만나자던 여고 친구와 약속은 코로나19 종식 이후로 미루어졌고 매달 만나는 수필모임도 무기한 연기되었다. 눈에 보이지도 않는 바이러스가 평범한 일상을 송두리째 바꾸어버렸다. 그렇지 않아도 1인 가구가 늘어나는 추세인데 가족도 타인도 만나지 못하고 거리까지 두어야하니 사람들을 더 고립시켰다.

창밖으로 바라보는 풍경은 딴 세상 같았다. 새싹이 움트고 따스한 봄바람이 불어도 느낄 수가 없었다. 하루하루가 무미건조한 날이 지속되니 운무에 갇힌 듯 답답해져왔다. 고립무원으로 지낸 사람들 마음이 똑같은지 급기야 코로나블루라는 신조어까지 생겼다. 코로나가 가져온 불안과 공포가 사람들 마음마저 병들게 만들었다. 참을성도 임계치에 도달하면 무디어 지는지 알록달록한 봄꽃이 피기 시작할 때쯤 사람들이 슬금슬금 집밖으로 나오기 시작했다. 적막하던 놀이터에도 아이들 소리가 들려왔다. 우리 아파트단지에도 벚꽃과 이팝꽃이 피고 졌지만 마음대로 여행 다닐 수 없으니 마음은 한겨울이었다.

사람들은 자기 위주로만 세상을 바라보는 데서 이견이 생긴다. 사람과 거리를 두고 모임을 자제하면 겁보로 취급하는 용맹한 이도 있었다. '재수 없으면 걸린다', '어떤 경우라도 죽을 사람은 죽고 살 사람은 산다'라는 막연한 운명론적 사고방식으로 대처하는 사람도 더러 있었다. 사소한 것에서부터 국가적 선택인 개방이냐 폐쇄냐 사회적 거리두기와 확진자의 동선공개 등으로 영악한 코로나19가 진영의 논리처럼 가치관의 충돌을 일으키며 분란을 조장했다. 이런 판국에 마스크를 쓰지 않고 거리낌 없이 돌아다니는 사람도 많았다. 자기만 편하면 그만이다 생각하는 그들의 이기적인 만용은 어디서 나오는 것일까.

우리나라도 사회적 거리두기를 2주만 더 연장했으면 잡힐 것 같았다. 5월 초에 생활 속 거리두기로 전환하자 사람들 마음이 해이해진 틈을 타고 신출귀몰한 바이러스가 잔불처럼 되살아났다. 스스로 살 수 없는 바이러스는 사람을 숙주로 삼아서 눈 코 입 점막을 통해 호흡기로 침투한다. 연구진들은 이 바이러스가 여러 사람을 거치면서 세포 안에 침입하는 스파이크 단백질이 돌연변이 되어 감염력이 10배나 높아진 것 같다고 한다. 의학보다 빠르게 진화하는 코로나19 바이러스는 AI 같고 그것을 잡으려는 인간은 원시인 수준 같다.

증상이 나타나기 전부터 내밀하게 전파되는 신종 바이러스는 사람과의 만남을 통제해야 잡힌다. 유럽과 아프리카 미국 등에서 확진자가 폭등할 때 7주간 강력한 거리두기를 실천한 뉴질랜드는 6월 초에 코로나19 종식선언을 했다. 하지만 해외 유입자 때문에 확진자가 또 생겼다. 사회적 거리두기가 실효성이 확실하지만 지구촌을 한꺼번에 완전 정지시키지 않는 한 완벽한 해결책이 되지 못했다. 발병 6개월 만에 2차 유행이 시작되었고 세계 누적 확진자가 1천만 명을 넘어서서 가파르게 상승하고 있다. 코로나19라는 늪에서 빠져나오지 못하는 각 나라들이 딜레마에 빠졌다. 이러다가 인류에게 암흑기가 오는 것은 아닌지 두렵다. 우리는 어디로 가야 하나.

코로나19 바이러스 근원이 불분명하다. 중국 정부는 우한 화난 수산시장에서 비롯되었다 하고 광저우 화난 이공대학교 샤오보타오 교수는 우한 질병통제예방센터(WCDC)가 진원지일

가능성이 크다고 그의 논문에서 주장했다. 바이러스가 자연에서 왔던 인위적으로 만든 것이던 간에 인간에게는 치명적이다. 자연을 파괴해서 생기는 바이러스 입장에서 본다면 인간이 지구를 망치는 존재로 여겨질 것이다. 그런데 사람을 살리기 위해서 연구용으로 만들어진 바이러스라면 그것이 오히려 인간을 멸종시킬지도 모르는 상황으로 역전되었다. 바이러스의 역습, 신의 영역을 잘못 건드린 인간에게 내린 천형의 형벌일지도 모른다. 과연 인간이 이길 수 있을까.

이제는 코로나19 이전 세상은 오지 않는다고 한다. 회사는 재택근무를 하고 학생들은 집에서 온라인으로 수업을 듣는다. 공연장과 경기장도 무관중으로 진행되고 박물관도 온라인 개방을 했다. 실생활에 언택트가 반영되면서 우리들이 나아가야 할 시대를 훨씬 앞당기게 될지 모른다. 세상에는 늘 돌발적인 문제가 생기면서 인류의 미래가 만들어진다. 포스트코로나로 바뀐 세상이 득이 될지 실이 될지는 두고 볼 일이다.

때 이른 더위 때문에 집 근처 산책도 쉽지 않다. 그래도 불볕이 쏟아지는 푸른 들판이 그립고 산 속 울창한 숲길에 자욱하게 퍼져있는 피톤치드향이 그립고 동해바다의 거친 파도소리가 미치도록 그립다. 몇 년째 창고에서 잠자는 낡은 텐트를 들고 발길 닿는 곳으로 떠날 수 있는 그날은 언제쯤일까.

어쩌다가 우리는 친구들과 차 한 잔 앞에 놓고 세월에 풍화된 덧없는 청춘을 수군거리지 못하고 어쩌다가 우리는 제 발 저린 도둑처럼 사람들을 피해서 다녀야하고 어쩌다가 우리는 마음이 내키는 대로 가지도 오지도 못 하는 이런 세상에 살게 되었을까.

어.쩌.다.가.

배초향

한더위가 물러갈 즈음 하얀 스티로폼 한 개가 배달되었다. 부산에 사는 언니 같은 분에게 이곳에서 방아를 구할 수가 없다고 푸념했더니 바로 택배가 왔다.

상자 속에는 여름 땡볕에서 손끝으로 키운 푸성귀가 한가득 들어 있었다. 가지 고추 부추 깻잎 대파 산초 콩잎장아찌와 통통하게 자란 방아잎 한 다발을 보니 그 분의 텃밭이 우리 집으로 옮겨온 듯했다. 부산을 떠나 온 후로 주변사람들에게 방아를 못 먹어서 아쉽다고 수없이 한탄했었다. 남들이 흘려들었던 내말을 듣자마자 선뜻 보내주셨다. 마음 깊이 담아둔 정이 이런 거구나 싶었다.

들뜬 마음에 먼저 방아잎 향을 맡았다. 가슴 속 깊이 묻어두었던 고향 냄새가 났다. 오랜만에 만나는 익숙한 향이 반가워서 눈물이 왈칵 쏟아지려고 했다. 어린 시절에 입맛으로 기억된 음식과 향은 쉽사리 잊히지 않는다. 방아잎 향기에서 가족들과 음식을 함께 먹었던 숱한 기억들이 떠올랐다. 예닐곱 잎사귀를 따서 손바닥에 놓고 세게 비볐다. 작은 접시에 담아 부엌 창틀에 놓아두었다. 바람이 불 때마다 집안으로 방아 향이 흩어졌다.

남편이 퇴직을 하고 부산에서 일산으로 이사를 했을 때다. 얼마 지나지 않아서 한여름 더위가 주춤거리면서 장마가 시작되었다. 며칠 동안 장대비가 쏟아지는 날 부추전이 생각났다. 빗소리를 들으면서 먹는 따끈한 부추전은 찰떡궁합 주전부리다. 부리나케 집 앞 마트에 갔다. 부추전 재료를 사려는데 방아잎이 보이지 않았다. 직원에게 물어봐도 방아라는 단어를 몰랐다. 다음날 인근 재래시장에 갔다. 채소가게마다 방아가 있느냐고 물어보았다. 모두 그게 무엇이냐고 고개를 갸우뚱거렸다. 온 시장을 돌아봐도 방아를 아는 사람이 없었다.

결국 방아잎을 구하지 못해서 풋고추만 넣고 부추전 부쳤다. 알짜배기가 빠져서 네 맛도 내 맛도 나지 않았다. 궁여지책으로 깻잎을 대신 넣어보았지만 맛과 향이 방아잎을 따라오지 못했다. 그때부터 부추전 먹는 즐거움이 사라져 버렸다.

남쪽 지방에서는 방아가 텃밭이나 밭둑에서 잡초처럼 흔하게 자란다. 수시로 먹었던 방아향이 입에 근이 박혀서 안 먹고는 배길 수가 없는데 중부지방 이상에서 구할 수 없다는 게 말이 되는 소린가 싶었다. 유별스럽게 좋아하던 방아를 못 먹게 되니 이사를 잘못 왔구나 싶을 정도로 충격을 받았다.

부산 살 때는 부추전에 꼭 방아 잎을 썰어 넣었다. 물에 씻은 싱싱한 방아 잎에 칼끝이 스치면 잎맥 속에 숨은 향이 톡톡 터져서 사방으로 퍼진다. 그때부터 입안에서 군침이 돈다. 한여름 뜨거운 태양의 기운을 받아서 약이 바짝 오른 풋고추도 함께 넣으면 더위에 지친 몸을 다스리는 이열치열이 따로 없다. 거기에 오묘한 향을 품은 방아 잎의 달짝지근한 맛이 입안에 감돌면 일상의 스트레스가 다 날아갔다. 여린 초록빛 작은 잎에서 마음을 어루만져주는 큰 향을 품고 있는 게 신비스러운 약초 같았다.

경상도 음식에서 방아잎은 쓰임새가 많다. 부추전뿐만 아니라 비린내를 잡아주기 때문에 추어탕 장어탕 매운탕과 생선요리 아구찜에 반드시 들어간다. 심지어 된장찌개나 국에도 넣는다. 과한 것은 잡아주고 모자란 것은 채워주는 중용의 덕목을 지닌 채소다.

방아는 이름이 여러 가지다. 소단라향(小旦羅香), 어향(魚香), 야곽향(野藿香), 합향(合香), 인단초(仁丹草), 가묘향(家苗香), 야박하(野薄荷) 랍랍향, 배초향(排草香)등이 있다. 방아잎이 가지고 있는 성질을 한자어로 다양하게 표현한 이름에 기품이 들었다. 잡초처럼 아무데서나 잘 자라는 특성과 다르게 반전 있는 이름이다. 그 중에서 배초향이란 이름에서 프랑스 유명한 향수 이름에 버금가는 매력이 느껴진다.

배초향은 여름철 탈나기 쉬운 위와 장을 튼튼하게 해준다. 아로마 요법처럼 마음을 안정시켜주고 스트레스를 없애주는 곽향차(茶)도 배초향을 말려서 만든 차다. 각종 성인병 예방과 유해미생물 번식을 막아주고 항암효과까지 있는데다 죽어가는 사람도 단방약처럼 살린다하여 연명초(延命草)라고 한다. 효능을 보면 진시왕이 찾아 나선 불로초가 배초향이 아니었을까 싶을 정도다. 더위에 땀을 흘려서 허약해진 몸에 부추의 정기와 배초향의 약효가 보태진 부추전은 더 할 나위 없는 약용식이다. 이렇게 유익한 배초향을 남쪽 지역에서만 선호하는 식품이어서 아쉽다.

배초향은 언 땅이 녹은 삼사월에 새싹이 나온다. 처음에는 땅에 납작하게 엎드려 있다가 따뜻한 봄바람이 불면 기지개를 하듯이 가지를 쭉쭉 뻗으며 자란다. 늦여름부터 가을까지 가지 끝마다 허리를 곧추세운 보랏빛 꽃의 수더분한 자태는 단아한 여인처럼 곱다. 끝없는 유럽들판을 보라색으로 물들인 라벤다와 견주어도 손색이 없다.

서양에도 허브가 많다. 바질, 로즈마리, 카밀레, 페퍼민트, 라벤더, 재스민, 레몬밤 등이 있다. 차로 마시고 음식에도 넣어서 먹는 서양 허브는 베초향보다 향이 강하다. 유명 카페에 가면 다양한 종류의 커피는 물론이고 허브차도 대부분 외국산이다. 서양 허브는 맛이 강해서 마실 때마다 미묘한 거부감이 생긴다.

외국에서는 배초향을 Korean Herb라고 소개한다. 국산 토종 허브인 배초향 향기는 다소곳해서 나대지 않는다. 사람들 마음을 다독이며 친밀하게 안겨오는 향이다. 길모퉁이 조그마한 카페 창가에 앉아서 배초향 차를 흔하게 마실 수 있다면 얼마나 좋을까. 몸과 마음을 다스리는 약효까지 들어있는 허브차라 누구라도 편안하게 마실 수 있을 것 같다.

요즘은 서울 한복판에서도 이따금 배초향을 볼 때가 있다. 아기자기한 카페나 식당 앞 화분에 관상용 화초로 심어두었기 때문이다. 빨간 맨드라미와 분꽃 로즈마리 사이에서 핀 낯선 보랏빛 꽃이 궁금한지 사람들이 발길을 멈추기도 한다. 식용과 약용을 겸비한 야생화가 화초의 역할로 도시에 와 있으니 고귀한 몸이 되었다.

내년 봄에는 베란다에 배초향을 다시 심어봐야겠다. 보랏빛 꽃이 가득 핀 베란다 풍경을 상상하면서 부추전을 굽기 위해 배초향을 씻었다. 배초향에서 여전히 고향냄새가 난다. 고향을 생각하니 춘삼월 봄바람이 이는 남녘 어느 밭모퉁이에서 새싹을 틔우고 있을 배초향이 눈앞에 어른거린다.

묵언 수행

6월이 끝나갈 즈음이었다. 온천을 가기 위해 시내버스를 탔다. 버스 속에는 빈자리보다 승객이 많았다. 중간쯤에 앉아서 햇살이 쏟아지는 푸른 들판을 바라보고 있었다.

질주본능으로 급하게 달리던 버스가 신호에 걸리거나 정류장에 도착할 때마다 급정차 했다. 울컥거리는 버스 따라 나도 앞뒤로 휘청거렸다. 연거푸 반복되니 대번에 속이 울렁거렸다. 안전운행 해달라는 말이 목구멍까지 차올랐으나 운전행태를 봐서 성격이 만만찮을 거라는 생각이 들었다. 차마 말을 못했다.

다른 사람들은 괜찮은지 주위를 둘러보았다. 길들여지지 않는 말처럼 펄떡거리는 버스 속에서도 더러는 스마트 폰에 집중해 있고 더러는 무표정하게 창밖을 보거나 앞만 보면서 아무 일 없다는 듯 평온했다. 어쩌면 별난 운전 덕분에 목적지에 빨리 도착할 수 있다는 이기적인 판단이 작용했는지 모르겠다.

대여섯 정거장을 지나서였다. 육십 대 후반으로 보이는 할머니 두 분이 내 뒷자리에 앉았다. 버스 안을 동네 사랑방으로 여기는지 기차 화통 삶아먹은 목소리가 뒤통수로 향해 속사포로 쏟아졌다. 속도 거북한데 머리까지 지끈거렸다. 한소리 하자니 그렇고 참자니 시끄러워서 은근히 눈치라도 줄 심산으로 기린처럼 목을 빼들고 뒤돌아보았다. 서로 얼굴을 맞대고 맞장구치느라 내 행동을 거들떠보지도 않았다. 시간이 지나가면 해결될 일이니 참고 말자 싶었다.

곧이어 어느 아파트 앞에서 할머니가 대여섯 살짜리 손녀를 데리고 탔다. 그들이 타자마자 버스가 출발하면서 나이든 기사님이 빨리 앉으라고 호통을 쳤다. 손녀는 다람쥐처럼 재빠르게 내 근처로 와서 앉고 판다만큼 굼뜬 할머니는 엉거주춤 거리며 의자 등받이를 어설프게 잡고 버티다가 버스가 신호에 멈춘 후에야 겨우 앉았다.

내 뒷자리에서는 무슨 할 말이 그리 많은지 대꼬챙이로 째는 소리가 끊어지지 않았다. 다른 승객들이 안중에 없는지 도가 지나쳐도 한참 지나쳤다. 기사님이 한마디 해주었으면 싶은데 그 정도는 예사로운 일인지 도로 위를 잽싸게 유영하는데 만 몰두했다. 그런데 그때 어디선가 귀가 쨍하도록 빠스락대는 소리가 틈새를 비집고 날아들었다. 그 순간 말벌의 독침처럼 따끔한 기사의 목청이 터졌다.

"거기 무슨 소리요? 종점에 갈 때까지 아무 소리도 내지 마세요."

겁박에 가까운 강압적인 명령이었다.

원인불명의 소리는 기사님 약 올리려고 작정을 했는지 천연덕스럽게 이어졌다. 버스 기사는 제국의 왕처럼 내린 명령이 무용지물이 되자 소금 뿌린 미꾸라지처럼 팔딱거리면서 제발 소리 내지 말라며 연달아 고함질렀다. 그제야 사람들이 미어캣처럼 고개를 쭉 빼들고 주변을 두리번거렸다. 뒷자리 할머니들 수다도 뚝 끊어졌다.

소리의 발원지를 찾지 못하자 버스 안이 술렁거렸다. 간간이 끊어졌다 이어지는 소리가 앞에서 나는 것 같다가도 뒤에서도 들려오면서 창문으로 들어오는 바람 따라 제 멋대로 굴러다녔다. 사람들은 같은 버스를 탔다는 동질성이 작용했는지 기사님 심기를 건드린 범인을 빨리 색출하려고 눈길이 바빠졌다. 하지만 승객을 불편하게 만드는 기사님을 탓할 생각은 없어 보였다.

흥분을 참지 못한 기사님은 불규칙적인 소리가 날 때마다 신경질적으로 소리쳤다. 버스 속을 뒤집던 소리는 서너 정거장을 지난 후에야 멈추었다. 상황판단이 행동만큼 느린 할머니가 옆에 앉은 손녀가 가지고 놀던 꾸겨진 셀로판지에서 소리가 난다는 것을 뒤늦게 알아챘기 때문이다.

소리가 사라져도 버스는 여전히 난폭하게 흔들렸다. 그 때 머리 희끗한 남자승객이 참다참다 폭발했는지 화난 목소리로

"기사님 운전 할 때 제발 급브레이크 밟지 마세요."

라며 때가 한참 늦었지만 기사의 오만불손한 행동에 오지게 한방 먹였다. 폭풍전야처럼 사람들이 순식간에 숨을 죽였다. 성깔머리 있는 기사님 입에서 험악한 말이 터져 나와 한바탕 싸움이라도 나겠다 싶었다.

"배차 시간 맞추느라 그랬습니다. 죄송합니다. 조심하겠습니다."

독기 오른 맹수처럼 날뛰더니 승객 말 한마디에 토끼처럼 유순해져서 몸을 바짝 낮추었다. 그 후 버스는 새색시같이 조신해졌고 몰염치한 뒷자리 할머니는 끝까지 왁자지껄 떠들다가 중간에서 내렸다.

할 말을 참지 않으니 숨 막히던 상황이 바로 해결되었다. 이렇듯이 말은 입 밖으로 뱉어야 효력이 발생한다. 사람들은 대부분 거침없는 말투로 정곡을 콕콕 찌르면 상대하기 어려운 사람이라고 여겨 조심을 하고 할 말을 참고 두루뭉술하게 넘어가면 쉬운 사람이라고 얕보는 경향이 있다. 사람마다 성격과 가치관이 다를 뿐 세상에 쉬운 사람은 없다. 직설적으로 표현하지 않는 것은 좋은 게 좋다고 배려하는 심정으로 속마음을 드러내지 않았을 뿐이지 분별력이 없어서가 아니다. 이런 사람은 말을 쉽게 뱉는 사람보다 속이 깊어서 냉철한 이성이 가슴 깊이 도사리고 있다. 그렇기 때문에 함부로 무시했다가 도리어 된통 당할 수 있다.

대개의 사람들은 타인의 행동이나 생각하는 가치관을 통해 그 사람의 성향을 짐작하곤 한다. 섣부른 사람은 자기 편향적인 선입견으로 남을 판단하는 경향이 있다. 이것은 무의식중에 뇌에 각인된 가치관의 오류에서 비롯된다. 그릇된 사고방식을 가지고 자기식대로만 생각하고 말하는 사람은 남들과 소통에서도 문제를 만든다. 그뿐 아니라 신뢰를 바탕으로 하는 인간관계도 흔들리게 된다. 그렇기 때문에 허투루 한말은 하고 난 뒤에 후회하는 경우가 많다.

방관자가 되는 것은 묵시적으로 허락한다는 뜻이 담겼다.

버스 속에서 아무 말도 하지 않았던 게 비겁한 행동이었을까. 나뿐만 아니라 요즘 사람들은 생판 모르는 남과 말에 휘말리는 것을 번거로워한다. 그런 이유로 알면서도 말문을 닫을 때가 많다. 하고 싶은 말을 참는 것 또한 고행이다.

말문이 트일 때부터 내가 쏟아낸 무수한 말들은 과연 무사했을까. 그날은 하루만이라도 말의 죄업을 짓지 않으려고 입을 닫았다. 하지만 머릿속에는 온갖 세상의 일에 잣대를 들이대는 통밥이 굴러갔다.

수필가가 감동한 이 한편의 수필

고향으로 가는 배

세한도

목성균

휴전이 되던 해 음력 정원 초순께, 해가 설핏한 강 나루터에 아버지와 나는 서 있었다. 작은 증조부께 세배를 드리러 가는 길이었다. 강만 건너면 바로 작은댁인데, 배가 강 건너편에 있었다. 아버지가 입에 두 손을 나팔처럼 모아 대고 강 건너에다 소리를 지르셨다.

"사공–, 강 건너 주시오."

건너편 강 언덕 위에 뱃사공의 오두막집이 납작하게 엎

드려 있었다. 노랗게 식은 햇살에 동그마니 드러난 외딴집, 지붕 위로 하얀 연기가 저녁 강바람에 산란하게 흩어지고 있었다. 그 오두막집 삽짝 앞에 능수버드나무가 맨 몸뚱이로 비스듬히 서 있었다. 둥치에 비해서 가지가 부실한 것으로 보아 고목인 듯싶었다. 나루터의 세월이 느껴졌다.

강심만 남기고 강은 얼어붙어 있었고, 해가 넘어가는 쪽 컴컴한 산기슭에는 적설이 쌓여서 하얗게 번쩍거렸다. 나루터의 마른 갈대는 '서걱서걱' 아픈 소리를 내면서 언 몸을 회리바람에 부대끼고 있었다. 마침내 해는 서산으로 떨어지고 갈대는 더 아픈 소리를 신음처럼 질렀다.

나룻배는 건너오지 않았다. 나는 뱃사공이 나오나 하고 추워서 발을 동동거리며 사공네 오두막집 삽짝을 바라보고 있었다. 아버지는 팔짱을 끼고 부동의 자세로 사공 집 앞의 버드나무 둥치처럼 꿈쩍도 않으셨다. '사공-, 강 건너 주시오.' 나는 아버지가 그 소리를 한 번 더 질러 주시기를 바랐다. 그러나 아버지는 두 번 다시 그 소리를 지르지 않으셨다. 그걸 아버지는 치사(恥事)로 여기신 것일까. 사공은 분명히 따뜻한 방안에서 방문의 쪽유리를 통해서 건너편 나루터에 우리 부자가 하얗게 서 있는 것을 보았을 것이다. 그러나 도선의 효율성과 사공의 존재가치를 높이기 위해서 나루터에 선객이 더 모일 때를 기다렸지 싶다. 그게 사공의 도선 방침일지는 모르지만 엄동설한에 서 있는 사람에 대한 옳은 처사는 아니다. 이 점이 아버지는 못마땅하셨으리라. 힘겨운 시대를 견뎌 내신 아버지의 완강함과 사공의 존재가치 간의 이념적 대치였다.

아버지는 주루막을 지고 계셨다. 주루막 안에는 정성들여 한지에 싼 육적(肉炙)과 술항아리에 용수를 질러서 뜬, 제주(祭酒)로 쓸 술이 한 병 들어 있었다. 작은 증조부께 올릴 세의(歲儀)다. 엄동설한 저문 강변에 세의를 지고 꿋꿋하게 서 계시던 분의 모습이 보인다.

세한도는 제목에서 먼저 추사 김정희의 세한도가 떠오른다. 추사는 제주도에 유배 되었을 때 시류를 따르는 주변 사람들이 다 떠나도 제자 이상적만은 변함없이 자신을 챙겨주는 게 고마워서 세한도를 그려 선물했다. 목성균 작가도 뱃사공의 오두막집을 세한도 속에 김정희가 그린 집과 닮았다고 생각했을까. 거기다가 추위 속에서 사공의 불의에 맞서서 꿋꿋하게 서 계신 아버지 모습을 세한도의 소나무 잣나무와 동일시하고 싶었는지도 모른다. 그래서 제목을 세한도에서 빌려왔을지도. 김정희의 세한도는 문인화로 국보급이 되었고 눈앞에 그림처럼 선연하게 떠오르는 목성균 작가의 세한도는 수필로써 국보급이라 해도 손색이 없지 싶다.

목성균 작가는 어린 시절 기억을 소환해서 글로 풀어냈다. 아무리 세월이 흘러도 잊히지 않는 순간을 문자로 채색해서 생명을 불어 넣은 것이다. 시간이 한참 지난 후에도 그 순간 그 장면을 또렷이 기억한다는 것은 그만큼 감성이 뛰어났기 때문이다. 거기다 목성균 작가가 가진 특유의 서정성, 감수성, 진실성과 기억에 박제처럼 자리 잡은 눈썰미가 더해져서 글을 쓰는 원동력이 되었지 싶다. 그만이 가진 탁월한 능력이다.

> 건너편 강 언덕 위에 뱃사공의 오두막집이 납작하게 엎드려 있었다. 노랗게 식은 햇살에 동그마니 드러난 외딴집, 지붕 위로 하얀 연기가 저녁 강바람에 산란하게 흩어지고 있었다. 그 오두막집 삽짝 앞에 능수버드나무가 맨 몸뚱이로 비스듬히 서 있었다.

한낮의 따뜻한 기운이 식어가다가 노루꼬리보다 더 짧게 남은 해가 사공네 오두막집을 비추다 서쪽으로 떨어지고 있다. 작가는 그것을 노랗게 식은 햇살이라고 했다. 빨강에서 주홍으로 주홍에서 노랑으로 옅어지는 색의 흐름처럼 따스한 햇살도 그렇게 온기가 식어서 이제 땅거미 속으로 들어가기 직전이다. 그것을 배경으로 저녁 강바람에 산란하게 흩어지는 하얀 연기를 바라보며 뱃사공이 나오기를 무작정 기다리고 서 있는 부자의 모습은 차라리 한 폭의 그림이다.

> 강심만 남기고 강은 얼어붙어 있었고, 해가 넘어가는 쪽 컴컴한 산기슭에는 적설이 쌓여서 하얗게 번쩍거렸다. 나루터의 마른 갈대는 '서걱서걱' 아픈 소리를 내면서 언 몸을 회리바람에 부대끼고 있었다. 마침내 해는 서산으로 떨어지고 갈대는 더 아픈 소리를 신음처럼 질렀다.
>
> 나룻배는 건너오지 않았다. 나는 뱃사공이 나오나 하고 추워서 발을 동동거리며 사공네 오두막집 삽짝을 바라보고 있었다. 아버지는 팔짱을 끼고 부동의 자세로 사공 집 앞의 버드나무 둥치처럼 꿈쩍도 않으셨다.

해거름이 지나 어둠이 내리고 저문 강에는 휘청거리는 갈대 소리가 점점 크게 들린다. 바람소리만큼 차가운 추위가 손끝 발끝으로 파고든다. 사공은 해가 넘어가는데도 묵묵부답이다. 그런데도 아버지는 사공에게 더 소리 지르지 않고 있고 어린 작가는 그런 아버지의 눈치만 보고 있다. 부자의 격이 달라서 투정 한 번 부리지 않고 그 상황을 고스란히 받아들이는 작가의 심성이 느껴진다. 요즘 아이 같았으면 버드나무 둥치같이 꿋꿋하게 서 있는 아버지를 그대로 보고만 있었을까. 춥다고 방방 뛰면서 아버지를 졸랐을 것이다. 아버지도 마찬가지지 싶다. 추위에 떠는 아이를 그대로 둘 수 없어서 뱃사공을 향해서 삿대질이라도 했을 것이다. 손님이 있으면 무조건 태우는 게 당신의 직업이 아니냐고 하면서 말이다.

> 사공은 분명히 따뜻한 방안에서 방문의 쪽유리를 통해서 건너편 나루터에 우리 부자가 하얗게 서 있는 것을 보았을 것이다. 그러나 도선의 효율성과 사공의 존재가치를 높이기 위해서 나루터에 선객이 더 모일 때를 기다렸지 싶다. 그게 사공의 도선 방침일지는 모르지만 엄동설한에 서 있는 사람에 대한 옳은 처사는 아니다. 이 점이 아버지는 못마땅하셨으리라. 힘겨운 시대를 견뎌 내신 아버지의 완강함과 사공의 존재가치 간의 이념적 대치였다.

이념적 대치로 전쟁이 나고 휴전이 되었다. 그런 휴전이 되던 해에 뱃사공과 아버지의 고집을 이념적 대치에 빗대서 표현한 것은 신의 한수다 싶다. 어찌 보면 융통성 없고 세상과 타협을 하지 않는 아버지를 원망하지 않고 불의에 저항하는 굳건한 의지를 가진 분이라고까지 치켜세웠다. 아버지의 올곧은 성품을 그렇게 높이 평가하고 싶은 게 자식의 마음일 것이다.

세상은 내 마음 같지 않아서 내 생각대로 되지 않는다. 사공은 마땅히 해야 할 도리나 지켜야 할 상도덕보다 이기적인 경제적 관념이 앞선 사람이었다. 그것을 아버지는 알고 계셨던 것이다. 건너편 나루터에서 무채색 풍경을 뒤로 하고 하얀 두루마기를 입고 추위에 떨면서 서 있는 부자의 모습을 보면서도 자신에게 유리한 잣대를 갖다 대는 뱃사공에게 아무리 사정해도 들어줄리 없다는 것을. 그래서 구걸하는 치사한 행동보다 차라리 의연하게 기다리고 있었던 것이다.

세한도는 짧은 수필이다. 하지만 울림은 길게 남는다. 느끼는 감정이야 서로 다르겠지만 독자들도 이 말에는 공감을 하지 싶다. 그런데 내겐 더하다. 데칼코마니처럼 떠오르는 유년의 추억 때문이다.

그날은 음력 동짓달 그믐이었다. 고향으로 윗대 할아버지 제사에 가는 아버지를 따라 집을 나섰다. 삼십 리 넘는 길을 버스 타고 와서 다시 나룻배로 낙동강을 건너서 웃개나룻터 근처 중부집에 들렀다. 거기서 저녁을 먹고 어스름이 내린 후 아버지와 둘이서 고향으로 향했다.

웃개에서 고향까지 십 리 길이다. 버스가 다니지 않는 후미진 곳이라 걸어서 가야한다. 옷을 단단히 여미고 나섰지만 금방 냉기가 옷 속을 파고들었다. 춥다는 말도 못하고 아버지 옆에 바짝 붙어서 앞만 보고 걸었다. 얼마 지나지 않아 온천지가 순식간에 까매졌다. 길잡이 할 등불도 없이 멀리 마을에서 새어나오는 불빛을 등대삼아 걸었다.

아버지가 곁에 있어도 어두운 밤길이 무서웠다. 미루나무 꼭대기 위로 해쓱한 초승달이라도 잠시 솟아올랐으면 싶었다. 그믐밤인데다 구름까지 낀 밤하늘에는 별 하나 보이지 않았다. 시간이 지날수록 까만 어둠 속으로 점점 빠져들었다. 마을을 두어 개 지나고 야트막한 산자락을 굽어 돌았다. 산모롱이 끝자락쯤에서 광려천 둑방이 나타났다.

광려천은 낙동강으로 흘러가는 지류다. 그곳은 강줄기와 그리 멀지 않아서 작은 강이라고 해도 될 만큼 폭이 넓었다. 우리는 더듬거리면서 물가로 내려갔다. 여기서 줄배를 타야한다. 줄배는 배 선미와 후미에 각각 광려천 폭만큼 긴 밧줄을 묶어서 그 끝을 광려천 양쪽에 있는 말뚝에다 묶어 두었다. 이곳을 건널 때는 건너편으로 이어진 줄을 잡아당겨 배에 실으면서 간다. 고향 사람들이 읍내 5일장이나 도회지로 나갈 때

에둘러서 가는 길보다 세 배나 빠른 지름길이다. 고향마을을 찾는 이는 누구라도 탈 수 있고 뱃사공도 배 삯도 필요 없다. 밤낮 시간에도 구애 받지 않는다.

인적이 끊어진 광려천이 암흑천지였다. 아버지는 천변 언땅위에 나를 세워두고 어둠 속을 더듬으며 줄배를 찾기 시작했다. 아버지 발길 따라 띠풀과 물억새가 바스락거렸다. 나는 좌표처럼 서서 아버지를 기다렸다. 기다리는 동안 아무리 두 눈을 비벼도 한 치 앞이 보이지 않았다. 밤하늘을 올려다봐도 먹물을 뿌려놓은 것 같아서 하늘인지 땅인지 분간할 수 없었다. 가만히 서 있으니 한기가 더 파고들었다. 몸을 움츠리고 발을 동동 구르면서 아버지가 빨리 줄배를 찾았으면 싶었다. 어서 큰집의 뜨뜻한 아랫목 이불 속으로 들어가고 싶은 생각뿐이었다.

미궁 속으로 빠져드는 어둠의 한가운데 서서 아버지가 움직이는 소리에만 신경이 곤두섰다. 내 마음은 한시가 급한데 시간은 속절없이 흘렀다. 그렇게 한참이 지나서야 분주하던 아버지 발소리가 멈추어졌다.

"귀신이 곡할 노릇이네. 도대체 어디로 사라졌단 말이고"

마침내 아버지의 탄식이 쏟아졌다.

줄배가 흔적도 없이 어둠 속에 숨었다. 우리는 꼼짝없이 길

위에 갇혀버렸다. 이대로 오도가도 못 하나 싶어 더럭 겁이 났다. 그때 아버지의 목소리가 까만 밤하늘로 날아올랐다.

"근수야 근수야"

오 리 남짓 떨어진 고향집을 향해서 당신의 큰 조카 이름을 불렀다. 아버지의 목소리는 어두운 하늘 끝으로 사라진 채 대답은 돌아오지 않았다. 그런데도 연이어 몇 번이나 간절하게 불렀다.

아버지의 깊은 한숨은 어두운 강바닥으로 가라앉았다. 별빛 한 줄기만 있었어도 대번에 찾았을 텐데 그믐밤이 아버지 품위마저 꾸겨버렸다. 한동안 무슨 생각에 잠겼는지 가만히 서 계시던 아버지의 발걸음이 다시 빨라졌다. 눈을 떠도 감아도 캄캄했던 어둠이 점차 익숙해지기 시작했다. 그때쯤 물길 아래쪽으로 간 아버지의 들뜬 목소리가 들렸다. 말라비틀어진 풀숲 속에서 밧줄이 묶인 말뚝을 찾아냈던 것이다.

배가 건너편에 있었다. 아버지는 생명줄 같은 밧줄을 힘차게 당겼다. 배가 어둠을 뚫고 우리 쪽으로 다가왔다. 나를 태운 후 아버지는 조심스럽게 반대편 줄을 당겼다. 나는 무서워서 배 한가운데에 앉아서 꼼짝하지 않았다. 뱃전으로 물소리가 출렁거렸다. 건너편 나루터에 가까워지니 살얼음이 와그작거리며 부딪혔다.

우여곡절 끝에 광려천을 건너 둑 위에 올라섰다. 고향 마을 쪽을 보니 여전히 까만 하늘과 들판이 맞붙어서 캄캄했다. 우리는 막다른 골목길을 헤쳐 나온 영웅처럼 냉기가 몰아치는 들판 길을 의기양양하게 들어섰다. 고향마을이 가까워지니 희미한 불빛들이 바람에 흔들렸다.

삼십대 후반 아버지와 열 살짜리 딸이 줄배를 타고 건넜던 그곳에는 오래전에 다리가 놓였다. 고향마을 앞 들판을 가로지르는 5번 국도도 생겨서 세월만큼 빠른 속도로 차들이 달리고 있다. 아버지도 고향마을 앞산자락에서 우리가 걸었던 들판과 광려천을 내려다보고 계신다.

해마다 동짓달 그믐이 되면 아버지와 어둠 속에 걸었던 고향 가는 길이 떠오른다. 달도 별도 없는 그믐밤이 오면 아버지도 그날을 생각하실까.

차하린 수필집
그리하여 어느 날

인쇄 2023년 10월 30일
발행 2023년 11월 5일

지은이 차하린
발행인 서정환
펴낸곳 수필과비평사
주소 서울시 종로구 삼일대로 32길 36(익선동 30-6 운현신화타워) 305호
전화 (02) 3675-3885 (063) 275-4000 · 0484
팩스 (063) 274-3131
이메일 essay321@hanmail.net
출판등록 제300-2013-133호
인쇄·제본 신아출판사

ISBN 979-11-5933-492-4 03810
값 13,000 원

Printed in KOREA

*본 수필집은 한국예술인복지재단의 창작지원금을 받아 출판하였습니다.

그리하여 어느 날